50패턴으로 여행하는

랜드마크

인도네시아어회화

50패턴 으로 여행하는
랜드마크 인도네시아어회화

초판 1쇄 인쇄 2022년 10월 4일
초판 1쇄 발행 2022년 10월 14일

지은이	남효민
발행인	임충배
홍보/마케팅	양경자
편집	김민수
디자인	정은진
펴낸곳	도서출판 삼육오 (PUB.365)
제작	(주)피앤엠123

출판신고 2014년 4월 3일
등록번호 제406-2014-000035호

경기도 파주시 산남로 183-25
TEL 031-946-3196 / FAX 031-946-3171
홈페이지 www.pub365.co.kr

ISBN 979-11-92431-04-8 13730
© 2022 남효민 & PUB.365

50패턴으로 여행하는

랜드마크

인도네시아어회화

남효민 지음

Pub.365

머리말

인도네시아를 떠올리면 늘 설렌다. 아마도 그곳에서의 여행들이 행복하고 즐거웠기 때문이리라.
인도네시아에서의 여행이 이렇게 설레고 즐겁기만 할 수 있었던 이유가 무엇이었을까.
여행에서는 예기치 못했던 일들이 일어나기 마련이기 때문에 사실 집에서처럼
편안함이나 안정감을 느끼기보다는 불편함과 불안함. 때로는 고독감까지 느끼기 쉬운데도 말이다.
지금에 와서 돌이켜보면 그 이유는 언어가 가져다주는 안정감 때문이었던 것 같다.
그 나라를 여행할 때 그 나라의 언어를 안다는 것은 굉장한 특혜를 가져다준다.
미처 예상하지 못했던 일이 일어나더라도 사람들에게 물어 해결방법을 찾을 수 있다.
현지인들이 하는 말 중 몇 가지 단어들만 알아들어도 덜 불안하고 의심도 덜 하게 된다.
낯선 이국의 사람들이지만 그 나라의 언어를 떠듬떠듬이라도 할 줄 안다면,
이 낯선 이들의 눈빛이 따스하게 변하는 것을 느낄 수 있다.
이 책을 통해 여러분도 나와 같은 경험을 할 수 있기를 기대한다. 집으로 돌아왔을 때,
'휴. 역시 집만 한 곳이 없어.'가 아니라 '또 가고 싶다'라는 생각이 바로 들 수 있기를 희망한다.

이 책은 인도네시아에서 꼭 가보아야 할 50곳을 선정하여 발리, 롬복, 자카르타, 보고르, 족자카르타,
반둥, 메단, 마나도 지역을 차례로 소개하고 있다. 뿐만 아니라 여행지에서 자주 활용할 수 있는 문장과 단어들,
그리고 여행지에 대한 간단한 소개까지 알차게 담아 인도네시아를 여행하는 여러분의 마음을
한결 가볍고 즐겁게 해 주고자 노력하였다. 그들의 언어를 통해 그들의 생각이나 문화까지도 느낄 수 있도록
다양하지만 쉽고 재미있게 이야기들을 풀어놓아 인도네시아 여행 시 반드시 도움이 될 수 있으리라 확신한다.

이 책을 만드는 데 힘을 실어주고 늘 뒤에서 응원해주신 이종율 씨, 그리고 내 삶의 원동력이 되어주는
이 세상에서 가장 사랑하는 준경이와 준호, 부모님과 그 외 가족들에게 감사의 말씀을 전하고 싶다.
또 이렇게 훌륭하게 책이 만들어질 수 있도록 애써주신 365 출판사 관계자 여러분들께도 감사드린다.

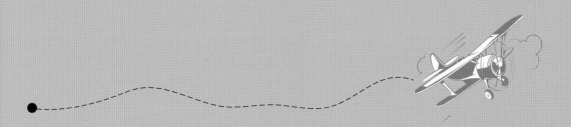

목차

50패턴으로 여행하는

랜드마크 인도네시아어회화

학습 방법

50패턴으로 여행하는 랜드마크 인도네시아어회화

랜드마크 위치 표시

챕터 속표제지에는 관광 명소 사진과 함께 인도네시아 지도 위에 각 챕터에서 그날그날 학습할 랜드마크 위치를 표시하여 한눈에 알아볼 수 있도록 만들었어요.

랜드마크 정보와 유래

언어를 배울 때 그 나라에 대해서도 알아두면 학습에 많은 도움이 됩니다. 각 랜드마크들의 역사와 문화, 배경을 함께 담았습니다. 특색 있는 랜드마크의 고유한 매력을 느껴보세요.

미리 만나보고 들어 보고 말해 보아요

여행할 때 자주 쓰는 대표적인 표현들을 모았습니다. 이 표현들을 미리 본 후 원어민 음성으로도 만나보세요. 눈으로 익히고, 원어민 음성을 통해 귀로 듣고 직접 말해본다면 학습효과는 배가 됩니다.

QR코드가 보인다면 스마트폰으로 찍어보세요!
각 챕터에서 배울 문장과 패턴을
원어민 음성으로 들을 수 있어요.

MP3 다운로드 방법

www.pub365.co.kr 홈페이지 접속 ≫ 도서 검색창에서 '50패턴으로
여행하는 랜드마크 인도네시아어회화' 입력 ≫ MP3 다운로드

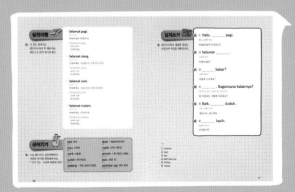

대화문에 삽입된 단어도 보고 패턴도 익히고!
미리 만나본 표현들을 제대로 배워볼까요?
대화문 중에서 핵심 표현을 골라 집중적으로
학습할 수 있도록 구성했습니다. 오늘 배울
주요 단어 정리부터 랜드마크에서 활용할 패
턴 표현, 그리고 대화 내용의 빈칸 채우기까
지, 복습까지 완벽하게 해요!

정보 | 50패턴으로 여행하는 랜드마크 인도네시아어회화

인도네시아 기본 정보

인도네시아는 면적이 세계에서 14번째로 크며 인구 규모는 4위로 약 2억 7천만 명이다. 300여 가지의 인종과 다양한 언어가 사용되는 혼합국가인 인도네시아는 남반구의 적도 근처에 위치해 있다. 기후는 완전한 열대성 기후로 연평균 기온이 27도~31도이다. 인구의 87%가 이슬람 종교를 믿으나 이슬람 국가는 아니고 종교의 자유를 보장하는 나라다. 하지만 종교를 1인 1교씩 의무적으로 가지고 있어야 하며 신분증에 이 종교가 표기된다.

인도네시아는 17,508개의 군도로 이루어진 국가이며 이 중 주요 섬들을 살펴보면 수도 자카르타가 있는 자바섬, 수마트라섬, 깔리만딴섬, 술라웨시섬, 이리얀자야, 발리, 롬복 등이 있다. 주식은 쌀로 지은 밥이며 다양한 민족들이 어울려 사는 만큼 선택할 수 있는 요리의 폭이 매우 넓다. 인도네시아의 수도, 자카르타는 한국보다 2시간 느리며 발리의 경우 1시간 느리다. 화폐는 루피아(Rupiah)를 사용한다.

인도네시아어의 기초 정보

　인도네시아에는 종족별, 지역별로 다양한 언어가 있지만 인도네시아 정부는 바하사 인도네시아(Bahasa Indonesia)를 표준어로 채택하여 학교 및 공공기관 등에서 공식적으로 사용하고 있다. 이 표준어의 표기는 알파벳을 차용하여 표기하고 있으나 c, k, p, t 등의 발음이 된소리로 쩨, 까, 뻬, 떼 등으로 영어의 발음과는 상이하다.

　인도네시아는 성, 수 구별이나 성조가 없어 배우기 쉬운 언어 중 한 가지로 손꼽힌다. 다만, 문장 구조상의 어순이 우리나라와는 다르게 주어-서술어-목적어로 이루어져 있어 영어와 동일하며 수식 구조가 [수식하는 말 + 수식받는 말]이 아닌 [수식받는 말 + 수식하는 말]로 되어 있어 말을 할 때 주의가 필요하다.

　인도네시아어의 낱말은 접두사나 접미사와 같은 접사를 붙여 단어의 의미를 확장시키는 특징을 가지고 있다. 어근을 나타내는 단어에 ber-/me-/per-/ke-와 같은 접두사나 -an/-kan/-lah 등의 접미사를 붙여 형용사 형태를 만들기도 하고 명사 형태로 바꾸기도 하는 등 품사를 바꿔 의미와 역할을 달리한다.

랜드마크 인도네시아 여행

발리1

07 우붓 예술 시장

08 우붓 왕궁

05 몽키포레스트

06 아궁 라이 미술관

04 짐바란 비치

02 게와까 파크

03 발리 울루와뚜 사원

01 빠당빠당 비치

01

빠당빠당 비치
(Pantai Padang Padang)

오늘 배울 내용은 인사말 I

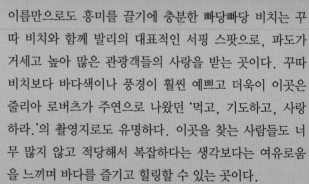

이름만으로도 흥미를 끌기에 충분한 빠당빠당 비치는 꾸따 비치와 함께 발리의 대표적인 서핑 스팟으로, 파도가 거세고 높아 많은 관광객들의 사랑을 받는 곳이다. 꾸따 비치보다 바다색이나 풍경이 훨씬 예쁘고 더욱이 이곳은 줄리아 로버츠가 주연으로 나왔던 '먹고, 기도하고, 사랑하라.'의 촬영지로도 유명하다. 이곳을 찾는 사람들도 너무 많지 않고 적당해서 복잡하다는 생각보다는 여유로움을 느끼며 바다를 즐기고 힐링할 수 있는 곳이다.

미리보기

이번 랜드마크에서는 어떤 대화를 하는지
먼저 살펴볼까요?

 원어민의 음성을
들어보세요.

🎵 Indonesia_01.mp3

A Halo. Selamat pagi.

할로. 슬라맛 빠기

안녕하세요.(아침 인사)

B Selamat pagi.

슬라맛 빠기

안녕하세요.

A Apa kabar?

아빠 까바르

어떻게 지내세요?

B Baik-baik saja. Bagaimana kabarnya?

바익 바익 사자. 바가이마나 까바르냐

잘 지냅니다. 어떻게 지내세요?

A Baik. Silakan duduk.

바익. 실라깐 두둑

좋습니다. 앉으세요.

B Terima kasih.

뜨리마 까시ㅎ

감사합니다.

단어

- **halo** 안녕하세요
  할로
- **selamat** 축하해
  슬라맛
- **kabar** 소식
  까바르
- **baik** 좋다
  바익
- **bagaimana** 어떻게,
  바가이마나   어떠한
- **silakan** ~하세요
  실라깐
- **duduk** 앉다
  두둑
- **terima** 받다
  뜨리마
- **kasih** 애정, 주다
  까시ㅎ

여행지에서 활용할 수 있는
랜드마크 실전여행 문장을
소리 내어 따라 해 보세요.

- **Selamat pagi.**
  슬라맛 빠기
  안녕하세요(아침인사)

  → Selamat pagi.
  슬라맛 빠기
  안녕하세요.

- **Selamat siang.**
  슬라맛 씨앙
  안녕하세요.(오전10시~오후 2시 인사)

  → Selamat siang.
  슬라맛 씨앙
  안녕하세요.

- **Selamat sore.**
  슬라맛 쏘레
  안녕하세요.(오후 3시~오후6시 인사)

  → Selamat sore.
  슬라맛 쏘레
  안녕하세요.

- **Selamat malam.**
  슬라맛 말람
  안녕하세요.(저녁인사)

  → Selamat malam.
  슬라맛 말람
  안녕하세요.

쉬어가기

오늘 랜드마크 실전여행에서
사용한 단어를 확장해보세요.
* 단어 Tip: 시간과 관련된 단어

- **tadi** 아까
  따디
- **dulu** 이전에
  둘루
- **nanti** 나중에
  난띠
- **sudah** 이미(완료)
  수다흐
- **sedang** ~하는 중이다(진행)
  스당

- **akan** ~할 것이다(미래)
  아깐
- **masih** 아직, 여전히
  마시흐
- **pernah** ~한 적 있다 (경험)
  쁘르나흐
- **baru** 방금, 막
  바루
- **sebentar lagi** 잠시 후에
  스븐따르 라기

16

일지쓰기

랜드마크에서 대화한 내용을 떠올리며 빈칸을 채워보세요.

A ① Halo. _____ pagi.

할로. 슬라맛 빠기

안녕하세요? (아침인사)

B ② Selamat _____ .

슬라맛 빠기

안녕하세요?

A ③_____ kabar?

아빠 까바르

어떻게 지내세요?

B ④ _____ . Bagaimana kabarnya?

바익 바익 사자. 바가이마나 까바르냐

잘 지냅니다. 어떻게 지내세요?

A ⑤ Baik. _____ duduk.

바익. 실라깐 두둑

좋습니다. 앉으세요.

B ⑥ _____ kasih.

뜨리마 까시ㅎ

감사합니다.

정답
- -
① Selamat
② pagi
③ Apa
④ Baik-baik saja
⑤ Silakan
⑥ Terima

이 정도 한 마디는
랜드마크에서 꼭 해봐요.
패턴으로 완벽 암기하세요.

Bagaimana

바가이마나 ('바게이마나'로도 발음한다)

~ 어때?

- cuaca 날씨
  쭈아짜
- warna 색깔
  와르나
- hotel 호텔
  호뗄

- orang 사람
  오랑
- ini 이것
  이니

- **Bagaimana cuacanya?**
  바가이마나 쭈아짜냐
  날씨가 어때?

- **Bagaimana warnanya?**
  바가이마나 와르나냐
  그 색깔이 어때?

- **Bagaimana hotelnya?**
  바가이마나 호뗄냐
  그 호텔은 어때?

- **Bagaimana orangnya?**
  바가이마나 오랑냐
  그 사람은 어때?

- **Bagaimana ini?**
  바가이마나 이니
  이것은 어때?

02 게웨까 파크
(GWK=Garuda Wisnu Kencana)

➡️ 오늘 배울 내용은 **인사말** 2

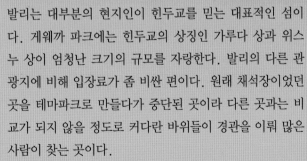

발리는 대부분의 현지인이 힌두교를 믿는 대표적인 섬이다. 게웨까 파크에는 힌두교의 상징인 가루다 상과 위스누 상이 엄청난 크기의 규모를 자랑한다. 발리의 다른 관광지에 비해 입장료가 좀 비싼 편이다. 원래 채석장이었던 곳을 테마파크로 만들다가 중단된 곳이라 다른 곳과는 비교가 되지 않을 정도로 커다란 바위들이 경관을 이뤄 많은 사람이 찾는 곳이다.

이번 랜드마크에서는 어떤 대화를 하는지
먼저 살펴볼까요?

 원어민의 음성을
들어보세요.

📀 Indonesia_02.mp3

A Terima kasih.

뜨리마 까시ㅎ

감사합니다.

B Sama sama.

사마 사마

천만에요.

A Maaf.

마아프

미안합니다.

B Tidak apa-apa.

띠닥 아빠 아빠

괜찮습니다.

A Permisi.

빠르미시

실례합니다.

B Silakan.

실라깐

그러세요.

단어

· sama 같다
  사마

· maaf 미안한
  마아프

· tidak 아니다 (동사와 형용사 부정)
  띠닥

· apa-apa 무엇이든지
  아빠 아빠

· permisi 실례합니다
  빠르미시

· silakan ~하세요
  실라깐   (영어의 please 처럼)

· jalan 길
  잘란

· datang 오다
  다땅

· ulang 반복하다, 되돌리다
  울랑

· tahun 해, 년
  따훈

20

여행지에서 활용할 수 있는
랜드마크 실전여행 문장을
소리 내어 따라 해 보세요.

- **Selamat jalan.**
  슬라맛 잘란
  안녕히 가세요.

  →Selamat tinggal.
  슬라맛 띵갈
  안녕히 계세요.

- **Selamat datang.**
  슬라맛 다땅
  어서오세요.

  →Terima kasih.
  뜨리마 까시ㅎ
  감사합니다.

- **Selamat ulang tahun.**
  슬라맛 울랑 따훈
  생일 축하해요.

  →Terima kasih.
  뜨리마 까시ㅎ
  감사합니다.

- **Selamat hari Natal.**
  슬라맛 하리 나딸
  메리 크리스마스.

  →Selamat hari Natal.
  슬라맛 하리 나딸
  메리 크리스마스.

오늘 랜드마크 실전여행에서
사용한 단어를 확장해보세요.
* 단어 Tip: 공휴일/명절

- **Tahun Baru** 새해 첫날
  따훈 바루
- **Tahun Baru Imlek** 구정
  따훈 바루 이믈렉
- **Wafat Isa Al Masih** 성 금요일
  와팟 이사 알 마시ㅎ
- **Kenaikan Isa Al Masih**
  끄나이깐 이사 알 마시ㅎ　예수 승천일

- **Hari Raya Waisak**
  하리 라야 와이삭　　부처님 오신 날
- **Hari Raya Natal** 크리스마스
  하리 라야 나딸
- **Hari Buruh Internasional**
  하리 부루ㅎ 인떠르나시오날　노동자의 날

21

일지쓰기

➡️ 랜드마크에서 대화한 내용을
떠올리며 빈칸을 채워보세요.

A ① Terima _____.

뜨리마 까시ㅎ

감사합니다.

B ② _____ sama.

사마 사마

천만에요.

A Maaf.

마아프

미안합니다.

B ③ _____ apa-apa.

띠닥 아빠 아빠

괜찮습니다.

A ④ _____.

빠르미시

실례합니다.

B ⑤ _____.

실라깐

그러세요.

정답
- -
① kasih
② Sama
③ Tidak
④ Permisi
⑤ Silakan

이 정도 한 마디는
랜드마크에서 꼭 해봐요.
패턴으로 완벽 암기하세요.

Maaf
마아프

미안해요.

- mohon (공식적인 자리에서) 부탁합니다.
  모혼
- mengerti 알아듣다, 이해하다
  뭉어르띠
- bahasa 언어
  바하사

- kurang 부족한, 덜
  꾸랑
- Inggris 영어
  잉그리스

- **Minta** maaf.
  민따 마아프

  미안합니다.

- **Mohon** maaf.
  모혼 마아프

  죄송합니다.

- **Maafkan** saya.
  마아프깐 사야

  저를 용서해주세요.

- Maaf saya tidak mengerti Bahasa Indonesia.
  마아프 사야 띠닥 뭉어르띠 바하사 인도네시아

  제가 인도네시아어를 전혀 못 알아들어서 유감이에요.

- Maaf saya kurang mengerti Bahasa Inggris.
  마아프 사야 띠닥 뭉어르띠 바하사 잉그리스

  제가 영어를 조금 못알아들어서 유감이에요.

03 발리 울루와뚜 사원
(Pura Uluwatu Bali)

🌱 오늘 배울 내용은 위치 물어보기

울루와뚜 사원은 발리의 그 어떤 곳보다도 추천하고 싶은 관광지로 인도양의 푸른 바다를 조망할 수 있는 1,000년의 역사를 가진 70m 높이의 절벽 사원이다. 붉은 태양빛에 서서히 물드는 푸른 바다가 특히 아름다워 석양 무렵 많은 관광객이 찾는 곳이다. 매일 저녁 6시에 노천 공연장에서 100여 명의 남자가 펼쳐 보이는 발리의 전통춤 중의 하나인 께짝댄스는 놓쳐서는 안 될 볼거리이다.

미리보기

이번 랜드마크에서는 어떤 대화를 하는지
먼저 살펴볼까요?

 원어민의 음성을
들어보세요.

🎵 Indonesia_03.mp3

단어

- **ada** 있다
  아다
- **di mana** 어디에
  디마나
- **terus** 직진
  뜨루스
- **saja** 단지
  사자
- **sampai** ~까지
  삼빠이
- **bisa** 할 수 있다
  비사
- **berjalan** 걷다
  버르잘란
- **kaki** 발
  까끼
- **berapa** 얼마나
  버라빠
- **jauh** 먼
  자우ㅎ
- **dari** ~로부터
  다리
- **sini** 여기
  시니

A Loket karcisnya ada di mana?

로껫 까르찌스냐 아다 디 마나

매표소가 어디에 있나요?

B Terus saja sampai pohon yang besar.

뜨루스 사자 삼빠이 뽀혼 양 브사르

큰 나무까지 직진하세요.

A Bisa berjalan kaki?

비사 버르잘란 까끼

걸어서 갈 수 있나요?

B Ya, tentu saja.

야, 뜬뚜 사자

네, 물론이죠.

A Itu berapa jauh dari sini?

이뚜 버라빠 자우ㅎ 다리 시니

여기에서 얼마나 먼가요?

B Kira-kira 300 meter.

끼라 끼라 띠가 라뚜스 메떠르

대략 300미터 정도 됩니다.

여행지에서 활용할 수 있는
랜드마크 실전여행 문장을
소리 내어 따라 해 보세요.

- **Itu ada di mana?**
  이뚜 아다 디 마나
  그것은 어디에 있나요?

  → Itu ada di sebelah kiri Supermarket Hero.
  이뚜 아다 디 스블라ㅎ 끼리 수뻐르말껫 헤로
  그것은 헤로 슈퍼마켓 왼편에 있어요.

- **Ini ada di mana?**
  이니 아다 디 마나
  (지도를 보여주며) 이것은 어디에 있나요?

  → Dari sini lulus saja sampai bundaran kemudian
    belok kanan. Nanti itu ada di setelah jembatan.
  다리 시니 루루스 사자 삼빠이 분다란 끄무디안 벨록 까난. 난띠 이뚜 아다 디 스
  뜰라ㅎ 즘바딴
  여기에서 로터리까지 직진하세요 그리고 난 후에 우회전 하세요. 그 후에
  다리를 지나면 있습니다.

- **Pura Uluwatu ada di mana?**
  뿌라 울루와뚜 아다 디 마나
  울루와뚜 사원은 어디에 있나요?

  → Itu ada di Kuta Selatan.
  이뚜 아다 디 꾸따 슬라딴
  그것은 꾸따 남쪽에 있습니다.

- **Toilet ada di mana?**
  또일렛 아다 디 마나
  화장실은 어디에 있나요?

  → Kamar kecil ada di belakang gedung ini.
  까마르 끄찔 아다 디 블라깡 그둥 이니
  화장실은 이 건물 뒤에 있습니다.

쉬어가기

오늘 랜드마크 실전여행에서
사용한 단어를 확장해보세요.
* 단어 Tip: 숫자 I

nol | kosong 0 놀 꼬송	enam 6 으남
satu 1 사뚜	tujuh 7 뚜주ㅎ
dua 2 두아	delapan 8 들라빤
tiga 3 띠가	sembilan 9 슴빌란
empat 4 음빳	sepuluh 10 스뿔루ㅎ
lima 5 리마	

일지쓰기

➡️ 랜드마크에서 대화한 내용을
떠올리며 빈칸을 채워보세요.

A ① Loket karcisnya _____ di mana?

로껫 까르찌스냐 아다 디 마나

매표소가 어디에 있나요?

B ② Terus saja _____ pohon yang besar.

뜨루스 사자 삼빠이 뽀혼 양 브사르

큰 나무까지 직진하세요.

A ③ _____ berjalan kaki?

비사 버르잘란 까끼

걸어서 갈 수 있나요?

B ④ Ya, _____.

야, 뜬뚜 사자

네, 물론이죠.

A ⑤ Itu berapa jauh _____ sini?

이뚜 버라빠 자우ㅎ 다리 시니

여기에서 얼마나 먼가요?

B ⑥ _____ 300 meter.

끼라 끼라 띠가 라뚜스 메떠르

대략 300미터 정도 됩니다.

정답
- - - - - - - - - - - - - - - -

① ada
② sampai
③ Bisa
④ tentu saja
⑤ dari
⑥ Kira-kira

이 정도 한 마디는
랜드마크에서 꼭 해봐요.
패턴으로 완벽 암기하세요.

ada di mana
아다 디 마나
어디에 있나요?

- dia 그/그녀
  디아
- mereka 그들
  므레까
- beliau 그분
  블리아우

- air 물
  아이르
- tissu 휴지
  띠쑤

- **Dia** ada di mana?
  디아 아다 디 마나
  그(녀)는 어디에 있나요?

- **Mereka** ada di mana?
  므레까 아다 디 마나
  그들은 어디에 있나요?

- **Beliau** ada di mana?
  블리아우 아다 디 마나
  그분은 어디에 계시나요?

- **Air** ada di mana?
  아이르 아다 디 마나
  물이 어디에 있나요?

- **Tissu** ada di mana?
  띠쑤 아다 디 마나
  휴지가 어디에 있나요?

28

04

짐바란 비치
(Pantai Jimbaran)

▶ 오늘 배울 내용은 맛집 물어보기

짐바란 비치는 모래사장을 따라 수많은 씨푸드 레스토랑이 2km 길이에 걸쳐서 모여있는 곳으로 해변의 모래 위에 테이블과 의자를 놓고 바다를 보며 식사를 하는 노천 식당들로 유명하다. 가격대는 싸지 않지만 파도 소리를 들으며 낭만적인 분위기에서 인도네시아 특유의 음식 맛을 즐길 수 있는 식사를 원하신다면 강추. 팁을 좀 쥐여줘야 하지만 짐바란 비치를 따라 기타를 치며 노래를 불러주는 밴드들이 더욱더 분위기를 좋게 해주기도 한다.

미리보기

이번 랜드마크에서는 어떤 대화를 하는지
먼저 살펴볼까요?

 원어민의 음성을
들어보세요.

📲 Indonesia_04.mp3

단어

- **minta** ~해주세요
  민따
- **paling** 가장
  빨링
- **terkenal** 유명한
  뜨르끄날
- **Anda** 당신 (2인칭을 높이는 의미로
  안다   첫 철자는 대문자를 쓴다)

- **suka** 좋아하다
  수까
- **pedas** 매운
  빠다스
- **mau** 원하다
  마우
- **coba** ~를 시도해보다
  쪼바
- **lokal** 현지의
  로깔
- **bagus** 좋다
  바구스
- **untuk** ~위하여
  운뚝
- **laut** 바다
  라웃

A Minta rekomendasi restoran yang paling terkenal.

민따 레꼬멘다시 레스또란 양 빨링 뜨르끄날

가장 유명한 식당을 추천해주세요.

B Anda suka apa?

안다 수까 아빠

당신은 무엇을 좋아하시나요?

A Saya suka makanan pedas.

사야 수까 마까난 쁘다스

저는 매운 음식을 좋아해요.

B Mau coba masakan lokal?

마우 쪼바 마사깐 로깔

로컬 요리를 드셔보시겠어요?

A Ya, saya mau.

야, 사야 마우

네, 원해요.

B Kalau begitu, ada yang bagus untuk makanan laut.

깔라우 버기뚜, 아다 양 바구스 운뚝 마까난 라웃

그렇다면 해산물로 좋은 곳이 있습니다.

30

여행지에서 활용할 수 있는
랜드마크 실전여행 문장을
소리 내어 따라 해 보세요.

- **Restoran mana yang terbaik di sekitar sini?**
  레스또란 마나 양 떠르바익 디 스끼따르 시니
  여기 주변에서 가장 좋은 식당은 어느 식당인가요?

  → Yang paling terkenalnya restoran Pulau Seribu.
  양 빨링 뜨르끄날냐 레스또란 뿔라우 스리부
  가장 유명한 곳은 뿔라우 스리부 식당이에요.

- **Restoran yang mana paling enak?**
  레스또란 양 마나 빨링 에낙
  어느 식당이 가장 맛이 있나요?

  → Menurut saya, Warung Bali paling enak.
  머누룻 사야, 와룽 발리 빨링 에낙
  저는 와룽 발리가 가장 맛이 있어요.

- **Minta rekomendasi menu yang harus dicoba.**
  민따 레꼬멘다시 므누 양 하루스 디쪼바
  꼭 먹어봐야 하는 메뉴를 추천해주세요.

  → Babi guling.
  바비 굴링
  돼지고기 통구이요.

- **Yang mana harus saya coba?**
  양 마나 하루스 사야 쪼바
  어느 것을 제가 꼭 먹어봐야 할까요?

  → Cobalah Gurami asam manis.
  쪼발라ㅎ 구라미 아삼 마니스
  달콤새콤한 잉어를 드셔보세요.

오늘 랜드마크 실전여행에서
사용한 단어를 확장해보세요.
* 단어 Tip: 해산물

- Kerang 조개
  끄랑
- Kepiting 게
  끄삐띵
- Cumi-cumi 오징어
  쭈미 쭈미
- Gurita 문어
  구리따

- Tiram 굴
  띠람
- Udang 새우
  우당
- Ikan bakar 직화구이 생선
  이깐 바까르
- Ikan goreng 생선 튀김
  이깐 고렝

랜드마크에서 대화한 내용을
떠올리며 빈칸을 채워보세요.

A ① _____ rekomendasi restoran yang paling terkenal.

민따 레꼬멘다시 레스또란 양 빨링 뜨르끄날

가장 유명한 식당을 추천해주세요.

B ② Anda suka _____?

안다 수까 아빠

당신은 무엇을 좋아하시나요?

A ③ Saya suka makanan _____.

사야 수까 마까난 쁘다스

저는 매운 음식을 좋아해요.

B ④ Mau _____ masakan lokal?

마우 쪼바 마사깐 로깔

로컬 요리를 드셔보시겠어요?

A ⑤ Ya, saya _____.

야, 사야 마우

네, 원해요.

B ⑥ _____ , ada yang bagus untuk makanan laut.

깔라우 버기뚜, 아다 양 바구스 운뚝 마까난 라웃

그렇다면 해산물로 좋은 곳이 있습니다.

정답
① Minta
② apa
③ pedas
④ coba
⑤ mau
⑥ Kalau begitu

이 정도 한 마디는
랜드마크에서 꼭 해봐요.
패턴으로 완벽 암기하세요.

Minta rekomendasi ~ yang paling terkenal
민따 레꼬멘다시 ~ 양 빨링 떠르끄날

가장 유명한 ~을(를) 추천해주세요.

- tempat wisata 관광지
  뜸빳 위사따
- minuman 마실것, 음료수, 술
  미눔완
- rekomendasi 추천하다
  레꼬멘다시

- paling 가장
  빨링
- terkenal 유명한
  떠르끄날

- Minta rekomendasi **tempat wisata** yang paling terkenal.
  민따 레꼬멘다시 뜸빳 위사따 양 빨링 떠르끄날

  가장 유명한 관광지를 추천해주세요.

- Minta rekomendasi **minuman** yang paling terkenal.
  민따 레꼬멘다시 미눔안 양 빨링 떠르끄날

  가장 유명한 음료를 추천해주세요.

- Minta rekomendasi **makanan** yang paling terkenal.
  민따 레꼬멘다시 마깐안 양 빨링 떠르끄날

  가장 유명한 음식을 추천해주세요.

- Minta rekomendasi **hotel** yang paling terkenal.
  민따 레꼬멘다시 호뗄 양 빨링 떠르끄날

  가장 유명한 호텔을 추천해주세요.

- Minta rekomendasi yang paling terkenal.
  민따 레꼬멘다시 양 빨링 떠르끄날

  가장 유명한 것을 추천해주세요.

05 몽키포레스트
(Monkey Forest)

오늘 배울 내용은 영업 시간 물어보기

우붓의 대표적인 관광지 중의 하나로 수백 마리의 원숭이들이 살고 있는 곳이다. 힌두교를 믿는 발리 사람들에게는 원숭이도 사원과 같이 신성시되어 발리의 곳곳에서 원숭이를 심심치 않게 볼 수 있다. 그리고 이곳 몽키 포레스트에서는 정말 많은 원숭이들을 볼 수 있다. 하지만 원숭이들이 호기심이 많고 민첩해서 손에 들고 있는 핸드폰이나 머리에 얹어 놓은 선글라스 등을 눈 깜짝할 사이에 빼앗길 수 있으니 소지품에 주의해야 한다.

원어민의 음성을
들어보세요.

Indonesia_05.mp3

A Monkey Forest itu jam berapa buka?

멍끼 포레스 이뚜 잠 버라빠 부까

몽키 포레스트는 몇 시에 여나요?

B Setahu saya jam 9 pagi itu baru buka.

스따우 사야 잠 슴빌란 빠기 이뚜 바루 부까

제가 알기로는 아침 9시가 되면 열어요.

A Kalau begitu, itu sudah buka?

깔라우 버기뚜, 이뚜 수다ㅎ 부까

그렇다면 지금 문을 열었나요?

B Belum. Sekarang jam 8 pagi.

블룸. 스까랑 잠 들라빤 빠기

아직이요. 지금은 아침 8시랍니다.

A Oh, begitu. Harusnya satu jam lagi ya.

오 버기뚜. 하루스냐 사뚜 잠 라기 야

아, 그렇군요. 한 시간 더 있어야겠네요.

B Ya, betul.

야, 브뚤

네, 맞습니다.

단어

· jam 시간
  잠

· buka 열다
  부까

· setahu 알기로는, 아는 한
  스따우

· baru 막
  바루

· kalau begitu 그렇다면
  깔라우 버기뚜

· sudah 이미 (완료를 나타내는 말)
  수다ㅎ

· belum 아직 아니다
  블룸

· sekarang 지금
  스까랑

· begitu 그러하다
  버기뚜

· harus 해야한다
  하루스

· lagi 더, 다시
  라기

· betul 옳다
  브뚤

실전여행

여행지에서 활용할 수 있는
랜드마크 실전여행 문장을
소리 내어 따라 해 보세요.

- **Itu jam berapa tutup?**
  이뚜 잠 버라빠 뚜뚭
  몇 시에 문을 닫나요?

  → Itu tutup jam 8 malam.
  이뚜 뚜뚭 잠 들라빤 말람
  저녁 8시에 닫습니다.

- **Apa itu belum tutup?**
  아빠 이뚜 블룸 뚜뚭
  아직 문을 안닫았나요?

  → Sudah.
  수다ㅎ
  이미 닫았습니다.

- **Hari apa toko itu tutup?**
  하리 아빠 또꼬 이뚜 뚜뚭
  무슨 요일에 그 가게는 쉬나요?

  → Hari Minggu.
  하리 밍구
  일요일이요.

- **Di toko itu ada jam istirahat?**
  디 또꼬 이뚜 아다 잠 이스띠라핫
  그 가게에는 휴식시간이 있나요?

  → Ya, dari jam 3 sampai jam 4.
  야, 다리 잠 띠가 삼빠이 잠 음빳
  네, 3시부터 4시까지입니다.

쉬어가기

오늘 랜드마크 실전여행에서
사용한 단어를 확장해보세요.
* 단어 Tip: 시간표현

- jam satu 1시
  잠 사뚜
- jam satu (lewat) seperempat
  잠 사뚜 (르왓) 스쁘르은빳   1시 15분
- jam setengah dua
  잠 스뜽아ㅎ 두아   1시 30분

- jam dua kurang seperempat
  잠 두아 꾸랑 스쁘르은빳   1시 45분
- jam dua kurang lima (menit)
  잠 두아 꾸랑 리마 (므닛)   1시 55분

36

랜드마크에서 대화한 내용을
떠올리며 빈칸을 채워보세요.

A ① Monkey Forest itu _____ buka?

멍끼 포레스 이뚜 잠 버라빠 부까

몽키 포레스트는 몇 시에 여나요?

B ② _____ saya jam 9 pagi itu baru buka.

스따우 사야 잠 슴빌란 빠기 이뚜 바루 부까

제가 알기로는 아침 9시가 되면 열어요.

A ③ Kalau begitu, itu _____ buka?

깔라우 버기뚜. 이뚜 수다ㅎ 부까

그렇다면 지금 문을 열었나요?

B ④ _____. Sekarang jam 8 pagi.

블룸. 스까랑 잠 들라빤 빠기

아직이요. 지금은 아침 8시랍니다.

A ⑤ Oh, _____. Harusnya satu jam lagi ya.

오 버기뚜. 하루스냐 사뚜 잠 라기야

아 그렇군요. 한 시간 더 있어야겠네요.

B ⑥ Ya, _____.

야, 브뚤

네, 맞습니다.

정답
----
① Jam berapa
② Setahu
③ sudah
④ Belum
⑤ begitu
⑥ betul

이 정도 한 마디는
랜드마크에서 꼭 해봐요.
패턴으로 완벽 암기하세요.

jam berapa
잠 버라빠

몇 시예요?

Korea 한국
꼬레아

Jakarta 자카르타
자까르따

Amerika 미국
아메리까

Bali 발리
발리

di ~에
디

• **Sekarang** jam berapa?

스까랑 잠 버라빠

지금 몇 시예요?

• Jam berapa **sekarang di** Korea?

잠 버라빠 스까랑 디 꼬레아

한국은 지금 몇 시예요?

• Jam berapa **sekarang di** Jakarta?

잠 버라빠 스까랑 디 자까르따

자카르타는 지금 몇 시예요?

• Jam berapa **sekarang di** Amerika?

잠 버라빠 스까랑 디 아메리까

미국은 지금 몇 시예요?

• Jam berapa **sekarang di** Bali?

잠 버라빠 스까랑 디 발리

발리는 지금 몇 시예요?

06

아궁 라이 미술관
(Museum Kesenian Agung Rai)

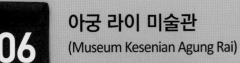

오늘 배울 내용은 목적지에 가는 방법 물어보기

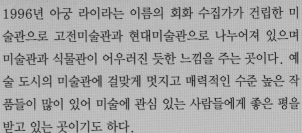

1996년 아궁 라이라는 이름의 회화 수집가가 건립한 미술관으로 고전미술관과 현대미술관으로 나누어져 있으며 미술관과 식물관이 어우러진 듯한 느낌을 주는 곳이다. 예술 도시의 미술관에 걸맞게 멋지고 매력적인 수준 높은 작품들이 많이 있어 미술에 관심 있는 사람들에게 좋은 평을 받고 있는 곳이기도 하다.

이번 랜드마크에서는 어떤 대화를 하는지
먼저 살펴볼까요?

 원어민의 음성을
들어보세요.

Indonesia_06.mp3

A Bagaimana cara ke sana?

바가이마나 짜라 끄 사나

거기에 어떻게 가나요?

B Boleh naik taksi atau bus.

볼레ㅎ 나익 딱씨 아따우 부스

택시나 버스를 타면 됩니다.

A Yang mana lebih cepat?

양 마나 르비ㅎ 쯔빳

어느 것(교통수단 또는 길)이 더 빠른가요?

B Biasanya taksi lebih cepat.

비아사냐 딱씨 르비ㅎ 쯔빳

보통 택시가 더 빠릅니다.

A Jalannya sedang macet?

잘란냐 스당 마쩻

길이 지금 막히나요?

B Jam segini biasanya pasti macet.

잠 스기니 비아사냐 빠스띠 마쩻

보통 이 시간 즈음에는 분명히 막히죠.

단어

· cara 방법
짜라

· ke ~로
끄

· sana 저기
사나

· boleh ~해도 된다
볼레ㅎ

· naik 타다, 오르다
나익

· taksi 택시
딱씨

· atau 또는
아따우

· bus 버스
부스

· yang mana 어느 것
양마나

· cepat 빠른
쯔빳

· biasanya 보통
비아사냐

· sedang ~하는 중이다
스당

· macet (길이)막히다
마쩻

· jam segini 이 시간즈음
잠 스기니

· pasti 분명, 확실히
빠스띠

40

실전여행 ✈

여행지에서 활용할 수 있는 랜드마크 실전여행 문장을 소리 내어 따라 해 보세요.

- **Apakah Bapak tahu jalan tikus?**
  아빠까ㅎ 바빡 따우 잘란 띠꾸스
  지름길을 아시나요?

  → Sebelumnya, saya belum pernah ke sini.
  스블룸냐, 사야 블룸 뻬르나ㅎ 끄 시니
  이전에, 저는 여기 와 본적이 없습니다.

- **Minta secepatnya.**
  민따 스쯔빳냐
  가능한 한 빨리 가주세요.

  → Ya, saya usahakan.
  야, 사야 우사하깐
  네, 노력하겠습니다.

- **Anda mau pakai jalan tol?**
  안다 마우 빠까이 잘란 똘
  고속도로로 가고 싶으신가요?

  → Ya, boleh.
  야 볼레ㅎ
  네, 그러세요.

- **Waktunya berapa lama?**
  왁뚜냐 버라빠 라마
  얼마나 걸리나요?

  → Kira-kira 30 menit.
  끼라 끼라 띠가 뿔루ㅎ 므닛
  대략 30분 걸립니다.

쉬어가기

오늘 랜드마크 실전여행에서 사용한 단어를 확장해보세요.
* 단어 Tip: 교통수단

- kereta api 기차
  끄레따 아삐
- pesawat 비행기
  쁘사왓
- kapal laut 배
  까빨 라웃
- becak 인력거
  베짝

- andong 마차
  안동
- mobil 자동차
  모빌
- sepeda 자전거
  스뻬다
- motor 오토바이
  모또르

일지쓰기

➡ 랜드마크에서 대화한 내용을
떠올리며 빈칸을 채워보세요.

A ① _____ cara ke sana?

바가이마나 짜라 끄 사나

거기에 어떻게 가나요?

B ② Boleh _____ taksi atau bus.

볼레ㅎ 나익 딱씨 아따우 부스

택시나 버스를 타면 됩니다.

A ③ Yang mana lebih _____?

양 마나 르비ㅎ 쯔빳

어느 것(교통수단 또는 길)이 더 빠른가요?

B ④ _____ taksi lebih cepat.

비아사냐 딱씨 르비ㅎ 쯔빳

보통 택시가 더 빠릅니다.

A ⑤ Jalannya sedang _____?

잘란냐 스당 마쩻

길이 지금 막히나요?

B ⑥ _____ segini biasanya pasti macet.

잠 스기니 비아사냐 빠스띠 마쩻

보통 이 시간 즈음에는 분명히 막히죠.

➤ 이 정도 한 마디는
랜드마크에서 꼭 해봐요.
패턴으로 완벽 암기하세요.

Yang mana lebih
양 마나 르비ㅎ

어느 것이 더 ~한가요?

---

murah 싼 무라ㅎ	besar 큰 브사르
mahal 비싼 마할	kecil 작은 끄찔
tua 오래된, 나이 든 뚜아	

- **Yang mana lebih murah?**
  양 마나 르비ㅎ 무라ㅎ

  어느 것이 더 싼가요?

- **Yang mana lebih mahal?**
  양 마나 르비ㅎ 마할

  어느 것이 더 비싼가요?

- **Yang mana lebih tua?**
  양 마나 르비ㅎ 뚜아

  어느 것이 더 오래되었나요?

- **Yang mana lebih besar?**
  양 마나 르비ㅎ 브사르

  어느 것이 더 큰가요?

- **Yang mana lebih kecil?**
  양 마나 르비ㅎ 끄질

  어느 것이 더 작은가요?

43

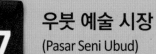

07

우붓 예술 시장
(Pasar Seni Ubud)

오늘 배울 내용은 쇼핑할 때 쓰는 표현들

우붓 시장은 크지는 않지만 지역주민들을 위한 야채, 과일과 같은 현지 식료품부터 관광객을 겨냥한 수공예품, 그림, 기념품까지 다양한 볼거리가 있는 곳으로 현지인들이 이용하는 재래시장 본연의 분위기를 보려면 아침 일찍 가서 둘러보는 것을 추천한다. 많은 관광객들이 찾는 곳인 만큼 가격 흥정이 어려울 수 있으며 다른 곳보다 비싸게 부르는 곳도 더 많다. 하지만 아이쇼핑만으로도 충분한 즐거움을 줄 수 있는 곳이니 한 번쯤 인도네시아 전통 재래시장을 구경해 보는 것도 좋을 듯하다.

이번 랜드마크에서는 어떤 대화를 하는지
먼저 살펴볼까요?

 원어민의 음성을
들어보세요.

🎵 Indonesia_07.mp3

A Harganya berapa?

하르가냐 버라빠

가격이 얼마인가요?

B Harganya Rp100.000 per kilo.

하르가냐 스라뚜스 리부 뻐르 낄로

가격은 1킬로에 100,000루피아입니다.

A Ada diskon?

아다 디스꼰

할인 있나요?

B Sekarang diskonnya tidak ada.

스까랑 디스꼰냐 띠닥 아다

지금은 할인이 없습니다.

A Tapi harganya terlalu mahal.

따삐 하르가냐 떠르랄루 마할

하지만 가격이 너무 비싸네요.

B Tapi ini enak sekali. Saya jamin.

따삐 이니 에낙 스깔리. 사야 자민

하지만 이것은 정말 맛이 있어요. 제가 보장합니다.

단어

· harga 가격
  하르가

· per 당
  뻐르

· diskon 할인
  디스꼰

· tapi 그러나, 하지만
  따삐

· terlalu 너무
  떠르랄루

· mahal 비싸다
  마할

· enak 맛있다
  에낙

· jamin 보증하다, 보장하다
  자민

여행지에서 활용할 수 있는
랜드마크 실전여행 문장을
소리 내어 따라 해 보세요.

- Saya mau yang ini.
  사야 마우 양 이니
  이걸로 주세요.

  → Maunya berapa?
  마우냐 버라빠
  얼마나 드릴까요?

- Ada warna yang lain?
  아다 와르나 양 라인
  다른 색깔 있나요?

  → Maunya warna apa?
  마우냐 와르나 아빠
  무슨 색상을 원하세요?

- Minta diskon.
  민따 디스꼰
  깎아주세요.

  → Ini harga pas.
  이니 하르가 빠스
  이것은 정찰제입니다.

- Ada ukuran yang lain?
  아다 우꾸란 양 라인
  다른 사이즈 있나요?

  → Maunya ukuran apa?
  마우냐 우꾸란 아빠
  어떤 사이즈를 원하세요?

쉬어가기

오늘 랜드마크 실전여행에서
사용한 단어를 확장해보세요.
* 단어 Tip: 색깔

- merah 빨간색
  메라ㅎ
- jingga 주황색
  징가
- kuning 노란색
  꾸닝
- hijau 초록색
  히자우
- biru 파란색
  비루

- nila 남색
  닐라
- cokelat 갈색
  쪼끌랏
- hitam 검정색
  히땀
- putih 흰색
  뿌띠ㅎ

랜드마크에서 대화한 내용을
떠올리며 빈칸을 채워보세요.

A ① _____ berapa?

하르가냐 버라빠

가격이 얼마인가요?

B ② Harganya Rp100.000 _____ kilo.

하르가냐 스라뚜스 리부 뻐르 낄로

가격은 1킬로에 100,000루피아입니다.

A ③ _____ diskon?

아다 디스꼰

할인 있나요?

B ④ Sekarang diskonnya _____ ada.

스까랑 디스꼰냐 띠닥 아다

지금은 할인이 없습니다.

A ⑤ Tapi harganya terlalu _____.

따삐 하르가냐 떠르랄루 마할

하지만 가격이 너무 비싸네요.

B ⑥ Tapi ini _____ sekali. Saya jamin.

따삐 이니 에낙 스깔리. 사야 자민

하지만 이것은 정말 맛이 있어요. 제가 보장합니다.

정답
----
① Harganya
② per
③ Ada
④ tidak
⑤ mahal
⑥ enak

➡️ 이 정도 한 마디는
랜드마크에서 꼭 해봐요.
패턴으로 완벽 암기하세요.

Harga ~ berapa
하르가 ~ 버라빠

~ 가격이 얼마인가요?

- itu 그/저/그것/저것/그 사람/저 사람
  이뚜
- tas 가방
  따스
- sepatu 신발
  스빠뚜

- barang 물건
  바랑
- harga 가격
  하르가

- ## Harga ini berapa?
  하르가 이니 버라빠
  이것은 가격이 얼마인가요?

- ## Harga itu berapa?
  하르가 이뚜 버라빠
  저것은 가격이 얼마인가요?

- ## Harga tas ini berapa?
  하르가 따스 이니 버라빠
  이 가방은 가격이 얼마인가요?

- ## Harga sepatu ini berapa?
  하르가 스빠뚜 이니 버라빠
  이 신발은 가격이 얼마인가요?

- ## Harga barang ini berapa?
  하르가 바랑 이니 버라빠
  이 물건은 가격이 얼마인가요?

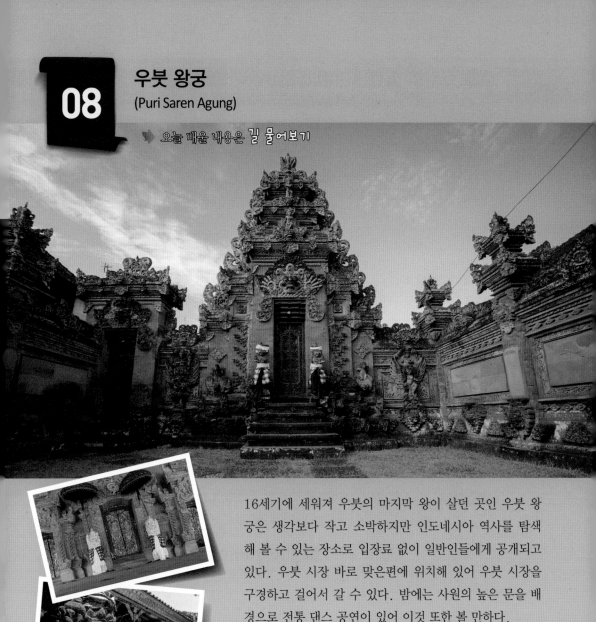

08

우붓 왕궁
(Puri Saren Agung)

오늘 배울 내용은 **길 물어보기**

16세기에 세워져 우붓의 마지막 왕이 살던 곳인 우붓 왕궁은 생각보다 작고 소박하지만 인도네시아 역사를 탐색해 볼 수 있는 장소로 입장료 없이 일반인들에게 공개되고 있다. 우붓 시장 바로 맞은편에 위치해 있어 우붓 시장을 구경하고 걸어서 갈 수 있다. 밤에는 사원의 높은 문을 배경으로 전통 댄스 공연이 있어 이것 또한 볼 만하다.

미리보기

이번 랜드마크에서는 어떤 대화를 하는지
먼저 살펴볼까요?

 원어민의 음성을
들어보세요.

Indonesia_ .mp3

A Waktunya berapa lama ke Puri Saren Agung?

왁뚜냐 버라빠 라마 끄 뿌리 사렌 아궁

우붓 왕궁에 가는 데 시간이 얼마나 걸리나요?

B Sekitar 2 jam dari sini.

스끼따르 두아 잠 다리 시니

여기에서 대략 2시간 정도 걸려요.

A Wah, jauh sekali.

와, 자우ㅎ 스깔리

와, 정말 머네요.

B Tidak. Sebenarnya itu tidak begitu jauh tapi ada banyak mobil di jalan jam segini.

띠닥. 스브나르냐 이뚜 띠닥 버기뚜 자우ㅎ 따삐 아다 바냑 모빌 디 잘란 잠 스기니

아니에요. 사실 그렇게 멀지 않은데 이 시간 즈음에는 길에 차가 많아요.

A Kalau begitu, motornya mungkin lebih cepat.

깔라우 버기뚜, 모또르냐 뭉낀 르비ㅎ 쯔빳

그렇다면, 오토바이가 더 빠를지도 모르겠네요.

B Ya, itu benar.

야, 이뚜 브나르

네, 그렇습니다.

단어

- Waktu 시간, ~때
  왁뚜
- lama 오랜
  라마
- sekitar 대략
  스끼따르
- sekali 매우
  스깔리
- sebenarnya 사실상
  스브나르냐
- banyak 많다
  바냑
- di ~에
  디
- segini 이만큼
  스기니
- mungkin 아마도
  뭉낀
- benar 진실의
  브나르

50

실전여행

여행지에서 활용할 수 있는 랜드마크 실전여행 문장을 소리 내어 따라 해 보세요.

- **Waktunya berapa lama dari sini sampai sana?**
  와뚜냐 버라빠 라마 다리 시니 삼빠이 사나
  여기에서부터 거기까지 시간이 얼마나 걸리나요?

  → **1.30 jam.**
  사뚜 스뚱아ㅎ 잠(Satu setengah jam)
  1시간 30분이요.

- **Itu jauh dari sini?**
  이뚜 자우ㅎ 다리 시니
  그곳은 여기에서 먼가요?

  → **Tidak. Itu dekat dari sini.**
  띠닥. 이뚜 드깟 다리 시니
  아니요. 여기에서 가깝습니다.

- **Sudah sampai?**
  수다ㅎ 삼빠이
  도착했나요??

  → **Belum, saya masih di jalan.**
  블룸, 사야 마시ㅎ 디 잘란
  아직이요, 아직 가는중입니다.

- **Itu dekat dari sini?**
  이뚜 드깟 다리 시니
  그곳은 여기에서 가깝나요?

  → **Ya, itu dekat sekali.**
  야, 이뚜 드깟 스깔리
  네, 매우 가깝습니다.

쉬어가기

오늘 랜드마크 실전여행에서 사용한 단어를 확장해보세요.
* 단어 Tip: berapa jam과
  jam berapa 차이

- **Berapa jam**
  몇 시간 동안 어떤 일이
  일어났는지 기간을 물어보는 말

- **Jam berapa**
  몇 시인지 시각을 물어보는 표현

* 대답도 마찬가지로 jam의 위치에 따라 몇 시간 동안 한 것인지 몇 시인지를 말하는 것인지 달라진다.

일지쓰기

➡️ 랜드마크에서 대화한 내용을
떠올리며 빈칸을 채워보세요.

A 1 Waktunya berapa _____ ke Puri Saren Agung?

왁뚜냐 버라빠 라마 끄 뿌리 사렌 아궁

우붓 왕궁에 가는 데 시간이 얼마나 걸리나요?

B 2 Sekitar 2 jam dari _____.

스끼따르 두아 잠 다리 시니

여기에서 대략 2시간 정도 걸려요.

A 3 Wah, _____ sekali.

와, 자우ㅎ 스깔리

와, 정말 머네요.

B 4 Tidak. Sebenarnya itu tidak begitu jauh tapi ada banyak mobil di _____ jam segini.

띠닥. 스브나르냐 이뚜 띠닥 버기뚜 자우ㅎ 따삐 아다 바냑 모빌 디 잘란 잠 스기니

아니에요. 사실 그렇게 멀지 않은데 이 시간 즈음에는 길에 차가 많아요.

A 5 Kalau begitu, motornya _____ lebih cepat.

깔라우 버기뚜, 모또르냐 뭉낀 르비ㅎ 쯔빳

그렇다면, 오토바이가 더 빠를지도 모르겠네요.

B 6 Ya, itu _____.

야, 이뚜 브나르

네, 그렇습니다.

정답
1 lama
2 sini
3 jauh
4 jalan
5 mungkin
6 benar

이 정도 한 마디는
랜드마크에서 꼭 해봐요.
패턴으로 완벽 암기하세요.

Waktunya berapa lama untuk pergi ke

왁뚜냐 버라빠 라마 운뚝 뻬르기 끄

~까지 가는 데 얼마나 오래 걸리나요?

---

untuk 위해서
운뚝

pergi 가다
뻬르기

ke ~로
끄

rumah sakit 병원
루마ㅎ사낏

apotek 약국
아뽀떽

• Waktunya berapa lama untuk pergi ke **pasar?**
왁뚜냐 버라빠 라마 운뚝 뻬르기 끄 빠사르

시장까지 가는 데 얼마나 오래 걸리나요?

• Waktunya berapa lama untuk pergi ke **rumah sakit?**
왁뚜냐 버라빠 라마 운뚝 뻬르기 끄 루마ㅎ 사낏

병원까지 가는 데 얼마나 오래 걸리나요?

• Waktunya berapa lama untuk pergi ke **apotek?**
왁뚜냐 버라빠 라마 운뚝 뻬르기 끄 아뽀떽

약국까지 가는 데 얼마나 오래 걸리나요?

• Waktunya berapa lama untuk pergi ke **restoran itu?**
왁뚜냐 버라빠 라마 운뚝 뻬르기 끄 레스또란 이뚜

그 식당까지 가는 데 얼마나 오래 걸리나요?

• Waktunya berapa lama untuk pergi ke **hotel?**
왁뚜냐 버라빠 라마 운뚝 뻬르기 끄 호뗄

호텔까지 가는 데 얼마나 오래 걸리나요?

랜드마크 인도네시아 여행

발리 2

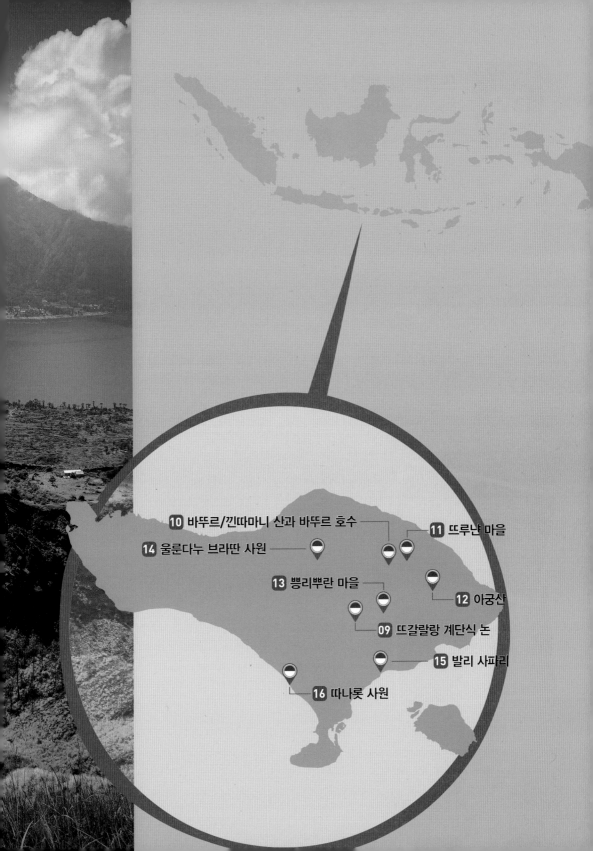

10 바뚜르/낀따마니 산과 바뚜르 호수

11 뜨루냔 마을

14 울룬다누 브라딴 사원

13 뼁리뿌란 마을

12 아궁산

09 뜨갈랄랑 계단식 논

15 발리 사파리

16 따나롯 사원

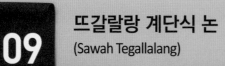

09 뜨갈랄랑 계단식 논
(Sawah Tegallalang)

오늘 배울 내용은 기념품 살 때 쓰는 표현들

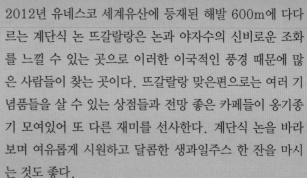

2012년 유네스코 세계유산에 등재된 해발 600m에 다다르는 계단식 논 뜨갈랄랑은 논과 야자수의 신비로운 조화를 느낄 수 있는 곳으로 이러한 이국적인 풍경 때문에 많은 사람들이 찾는 곳이다. 뜨갈랄랑 맞은편으로는 여러 기념품들을 살 수 있는 상점들과 전망 좋은 카페들이 옹기종기 모여있어 또 다른 재미를 선사한다. 계단식 논을 바라보며 여유롭게 시원하고 달콤한 생과일주스 한 잔을 마시는 것도 좋다.

원어민의 음성을
들어보세요.

Indonesia_09.mp3

A Saya mau beli oleh-oleh.

사야 마우 블리 올레ㅎ 올레ㅎ

기념품을 사고 싶어요.

B Untuk siapa?

운뚝 시아빠

누구를 위한 선물이죠?

A Untuk keluarga saya. Toko oleh-oleh ada
di mana?

운뚝 끌루아르가 사야. 또꼬 올레ㅎ 올레ㅎ 아다 디 마나

저의 가족 주려고요. 기념품 가게가 어디에 있나요?

B Kita bisa mampir waktu ke Teras Padi
Tegalalang.

끼따 비사 맘삐르 왁뚜 끄 떼라쓰 빠디 뜨갈랄랑

우리는 뜨갈랄랑 계단식 논에 갈 때 들를 수 있습니다.

A Oh, Syukurlah.

오ㅎ 슈꾸를라ㅎ

아, 다행이네요.

B Ya, di sekitar sana ada banyak toko oleh-
oleh.

야, 디 스끼따르 사나 아다 바냑 또꼬 올레ㅎ 올레ㅎ

네, 그 근처에 기념품 가게가 많이 있습니다.

단어

· oleh–oleh 선물, 기념품
  올레ㅎ 올레ㅎ

· siapa 누구
  시아빠

· keluarga 가족
  끌루아르가

· toko 가게
  또꼬

· kita (청자를 포함한) 우리
  끼따

· mampir 들르다
  맘삐르

· syukurlah 다행이다
  슈꾸를라ㅎ

· berangkat 출발하다
  브랑깟

· tiba 도착하다
  띠바

· pada ~에(시간 앞에 쓰는 전치사)
  빠다

· khas 독특한, 특별한, 고유의
  카스

➡ 여행지에서 활용할 수 있는
랜드마크 실전여행 문장을
소리 내어 따라 해 보세요.

- **Berangkatnya jam berapa?**
  브랑깟냐 잠 버라빠
  몇 시에 출발하나요?

  → **Jam 7 pagi, kita akan berangkat.**
  잠 뚜주ㅎ 빠기, 끼따 아깐 브랑깟
  오전 7시에 우리는 출발할 예정입니다.

- **Tibanya jam berapa?**
  띠바냐 잠 버라빠
  몇 시에 도착하나요?

  → **Mereka akan tiba di sini pada jam 3 sore.**
  머레까 아깐 띠바 디 시니 빠다 잠 띠가 소레
  그들은 오후 3시에 여기에 도착할 것입니다.

- **Di sini makanan khasnya apa?**
  디 시니 마까난 카스냐 아빠
  여기 특산물이 뭐예요?

  → **Kopi Luwak terkenal di Indonesia.**
  꼬삐 루왁 뜨르끄날 디 인도네시아
  루왁커피는 인도네시아에서 유명합니다.

- **Saya mau mampir ke toko oleh-oleh.**
  사야 마우 맘삐르 끄 또꼬 올레ㅎ 올레ㅎ
  기념품 가게에 들렸으면 좋겠어요.

  → **Ya, tentu saja boleh.**
  야, 뜬뚜 사자 볼레ㅎ
  네, 당연히 됩니다.

➡ 오늘 랜드마크 실전여행에서
사용한 단어를 확장해보세요.
* 단어 Tip: 사이즈

ukuran 사이즈 우꾸란	**ukuran XL** 105사이즈 우꾸란 엑쓰엘
ukuran S 90사이즈 우꾸란 에스	**lebih kecil** 더 작은 르바ㅎ 끄찔
ukuran M 95사이즈 우꾸란 엘	**lebih besar** 더 큰 르비ㅎ 브사르
ukuran L 100사이즈 우꾸란 엘	

* 인도네시아의 옷은 S, M, L, XL 등으로 나타내며 신발은 35~45 숫자를 이용한 유럽식 사이즈를 사용한다.

일지쓰기

➤ 랜드마크에서 대화한 내용을
떠올리며 빈칸을 채워보세요.

A ① Saya mau beli _____.

사야 마우 블리 올레ㅎ 올레ㅎ

기념품을 사고 싶어요.

B ② Untuk _____?

운뚝 시아빠

누구를 위한 선물이죠?

A ③ Untuk _____ saya.
Toko oleh-oleh ada di mana?

운뚝 끌루아르가 사야. 또꼬 올레ㅎ 올레ㅎ 아다 디 마나

저의 가족 주려고요. 기념품 가게가 어디에 있나요?

B ④ Kita bisa _____ waktu ke Teras
Padi Tegalalang.

끼따 비사 맘삐르 왁뚜 끄 떼라쓰 빠디 뜨갈랄랑

우리는 뜨갈랄랑 계단식 논에 갈 때 들를 수 있습니다.

A ⑤ Oh, _____.

오ㅎ 슈꾸를라ㅎ

아, 다행이네요.

B ⑥ Ya, di sekitar sana ada _____
toko oleh-oleh.

야, 디 스끼따르 사나 아다 바냑 또꼬 올레ㅎ 올레ㅎ

네, 그 근처에 기념품 가게가 많이 있습니다.

정답

① oleh-oleh
② siapa
③ keluarga
④ mampir
⑤ syukurlah
⑥ banyak

이 정도 한 마디는
랜드마크에서 꼭 해봐요.
패턴으로 완벽 암기하세요.

Saya mau mampir ke
사야 마우 맘뻐르 끄

저는 ~에 들르고 싶습니다.

· mau 원하다
마우
· mampir 들르다
맘뻐르
· toilet 화장실
또일렛

· supermarket 슈퍼마켓
수뻐르말껫
· kantor 사무실
깐또르

· **Saya mau mampir ke toilet.**
사야 마우 맘뻐르 끄 또일렛

저는 화장실에 들르고 싶습니다.

· **Saya mau mampir ke apotek.**
사야 마우 맘뻐르 끄 아뽀떽

저는 약국에 들르고 싶습니다.

· **Saya mau mampir ke supermarket.**
사야 마우 맘뻐르 끄 수뻐르말껫

저는 슈퍼마켓에 들르고 싶습니다.

· **Saya mau mampir ke restoran.**
사야 마우 맘뻐르 끄 레스또란

저는 식당에 들르고 싶습니다.

· **Saya mau mampir ke kantor.**
사야 마우 맘뻐르 끄 깐또르

저는 사무실에 들르고 싶습니다.

10 바뚜르/낀따마니 산과 바뚜르 호수
(Gunung Batur di Kecamatan Kintamani dan Danau Batur)

오늘 배울 내용은 렌트할 때 쓰는 표현들 !

낀따마니 화산 지대에서는 사이클링을 꼭 해보자. 단순한 자전거 타기가 아니라 자전거를 타고 가면서 현지인들의 삶과 자연을 가까이에서 엿볼 수 있어 문화와 자연을 학습할 수 있는 체험이 될 것이다. 발리 최고의 자연경관으로 손꼽히는 바뚜르 호수는 초승달 모양을 닮은 넓고 깊은 호수이다. 낀따마니 산의 넓은 화구호인 칼데라에 물이 고여 바뚜르 호수가 되었으며 이 바뚜르 호수는 발리를 흐르는 대부분의 하천들의 시원지이고 이 호수와 빗물이 땅속으로 흐르다가 지표면으로 흘러나와 논농사를 지을 수 있는 원천이 되었으므로 발리인들에게는 없어서는 안 되는 신성한 생명수와 같은 호수이다.

미리보기

이번 랜드마크에서는 어떤 대화를 하는지
먼저 살펴볼까요?

 원어민의 음성을
들어보세요.

Indonesia_10.mp3

A Apakah saya boleh menyewa sepeda?

아빠까ㅎ 사야 볼레ㅎ 머녜와 스뻬다

제가 자전거를 빌릴 수 있을까요?

B Ya, boleh. Mau yang mana?

야, 볼레ㅎ. 마우 양 마나

네, 가능해요. 어느 것을 원하세요?

A Sepeda yang untuk 2 orang juga ada?
Harganya berapa?

스뻬다 양 운뚝 두아 오랑 주가 아다? 하르가냐 버라빠

2인용 자전거도 있나요? 가격이 얼마죠?

B Kalau yang untuk dua orang tidak ada.
Yang biasa, harganya Rp15.000 per jam.

깔라우 양 운뚝 두아 오랑 띠닥 아다. 양 비아사, 하르가냐 리마블라스 리부 뻬르 잠

2인용 자전거는 없습니다. 일반적인 것은 1시간당 15,000 루피아입니다.

A Oh, begitu. Kalau pemandunya ada?
Soalnya saya kurang tahu jalannya.

오ㅎ 버기뚜. 깔라우 쁘만두냐 아다? 쏘알냐 사야 꾸랑 따우 잘란냐

아, 그렇군요. 가이드는 있나요? 제가 길을 잘 몰라서요.

B Ya, tapi harganya ditambah.

야, 따삐 하르가냐 디땀바ㅎ

네, 하지만 돈을 더 내셔야 해요.

단어

- apakah 입니까
  아빠까ㅎ
- juga 역시, 또한
  주가
- menyewa (돈을 주고) 빌리다
  머녜와
- biasa 보통의
  비아사
- pemandu 여행가이드
  쁘만두
- soalnya 왜냐하면
  쏘알냐
- kurang 덜, 부족한
  꾸랑
- tahu 알다
  따우
- tambah 더하다, 추가하다
  땀바ㅎ

➡️ 여행지에서 활용할 수 있는
랜드마크 실전여행 문장을
소리 내어 따라 해 보세요.

- **Saya mau sewa mobil.**
  사야 마우 세와 모빌
  저는 자동차를 렌트하고 싶습니다.

  → **Maunya kapan? Untuk berapa hari?**
  마우냐 까빤? 운뚝 버라빠 하리
  언제 렌트하고 싶으세요? 며칠동안이요?

- **Harga sewa rumah ini berapa?**
  하르가 세와 루마ㅎ 이니 버라빠
  이 집은 월세(렌트비)가 얼마인가요?

  → **Berapa lama Anda mau nyewa?**
  버라빠 라마 안다 마우 녜와
  얼마동안 빌리실 껀가요?

- **Sopir sama bensinnya juga sudah termasuk?**
  쏘삐르 사마 벤신냐 주가 수다ㅎ 떠르마숙
  기사님과 주유비도 포함된 건가요?

  → **Ya, sudah.**
  야, 수다ㅎ
  네, 포함되었습니다.

- **Saya boleh dapat peta?**
  사야 볼레ㅎ 다빳 뻬따
  지도를 얻을 수 있나요?

  → **Maaf, kami belum punya petanya.**
  마아프, 까미 블룸 뿌냐 뻬따냐
  죄송하지만 아직 지도가 없습니다.

쉬어가기

➡️ 오늘 랜드마크 실전여행에서
사용한 단어를 확장해보세요.
* 단어 Tip: 의류 I

• topi 모자 또삐	• celana 바지 쯜라나
• kacamata 안경 까짜마따	• celana pendek 반바지 쯜라나 뻰덱
• kemeja 와이셔츠 끄메자	• rok 치마 록
• kaos 티셔츠 까오스	• sepatu 신발 스빠뚜

일지쓰기

랜드마크에서 대화한 내용을 떠올리며 빈칸을 채워보세요.

A 1 Apakah saya boleh _____ sepeda?

아빠까ㅎ 사야 볼레ㄹ 머녜와 스뻬다

제가 자전거를 빌릴 수 있을까요?

B 2 Ya, boleh. Mau _____ mana?

야, 볼레. 마우 양 마나

네, 가능해요. 어느 것을 원하세요?

A 3 Sepeda yang untuk 2 orang _____ ada? Harganya berapa?

스뻬다 양 운뚝 두아 오랑 주가 아다 하르가냐 버라빠

2인용 자전거도 있나요? 가격이 얼마죠?

B 4 _____ yang untuk dua orang tidak ada. Yang biasa, harganya Rp15.000 per jam.

깔라우 양 운뚝 두아 오랑 띠닥 아다. 양 비아사, 하르가냐 리마블라스 리부 뻬르 잠

2인용 자전거는 없습니다. 일반적인 것은 1시간당 15,000 루피아입니다.

A 5 Oh, begitu. Kalau pemandunya ada? Soalnya saya _____ tahu jalannya.

오ㅎ 버기뚜. 깔라우 뻬만두냐 아다 쏘알냐 사야 꾸랑 따우 잘란냐

아, 그렇군요. 가이드는 있나요? 제가 길을 잘 몰라서요.

B 6 Ya, _____ harganya ditambah.

야, 따삐 하르가냐 디땀바ㅎ

네, 하지만 돈을 더 내셔야 해요.

정답
1 menyewa
2 yang
3 juga
4 Kalau
5 kurang
6 tapi

기억하기

▶ 이 정도 한 마디는
랜드마크에서 꼭 해봐요.
패턴으로 완벽 암기하세요.

Untuk berapa
운뚝 버라빠

얼마 동안이요?

- menit (시간)분
  므닛

- bulan 달, 월
  불란

- tahun 년, 해
  따훈

- lama 오랜, 오래된
  라마

- Untuk berapa menit?
  운뚝 버라빠 므닛

  몇 분 동안이요?

- Untuk berapa jam?
  운뚝 버라빠 잠

  몇 시간 동안이요?

- Untuk berapa bulan?
  운뚝 버라빠 불란

  몇 달 동안이요?

- Untuk berapa tahun?
  운뚝 버라빠 따훈

  몇 년 동안이요?

- Untuk berapa lama?
  운뚝 버라빠 라마

  얼마나 오랫동안이요?

11 뜨루냔 마을
(Desa Trunyan)

독특한 장례풍습으로 유명한 뜨루냔 마을은 보통 작은 배를 타고 묘지에 가서 유골을 보는 흔치 않은 경험을 할 수 있는 곳이다. 이 마을 사람들은 사람이 죽으면 화장하거나 땅 속에 묻지 않고 땅 위에 고이 모셔두었다가 유골이 자연으로 돌아간 뒤 두개골만 추려 한편에 모셔둔다. 유골이 비를 맞을까 우산을 펼쳐두기도 하고 산짐승들의 공격을 받을까 발을 쳐 유골을 보호한다. 뜨루냔 마을에는 자연사한 고인을 안치하는 곳, 사고로 세상을 떠난 이들을 안치하는 곳, 그리고 어린아이 혹은 결혼 전에 세상을 떠난 성인을 안치하는 곳으로 세 개의 묘가 있다.

미리보기

이번 랜드마크에서는 어떤 대화를 하는지
먼저 살펴볼까요?

 원어민의 음성을
들어보세요.

📱 Indonesia_11.mp3

A Siapa ini? Tunggu sebentar.

시아빠 이니? 뚱구 스븐따르

누구세요? 잠시만 기다려주세요.

B Selamat pagi. Saya dari biro perjalanan.

슬라맛 빠기. 사야 다리 비로 뻐르잘라난.

좋은 아침입니다. 여행사에서 나왔습니다.

A Ada apa?

아다 아빠

무슨 일이시죠?

B Karena Anda sudah pesan perjalanan untuk pergi ke desa Trunyan, saya ke sini untuk jemput Anda.

까르나 안다 수다ㅎ 쁘산 뻐르잘라난 운뚝 뻐르기 끄 데사 뜨루냔. 사야 끄 시니 운뚝 즘뿟 안다

뜨루냔 마을 여행을 예약하셔서 모시러 왔습니다.

A Anda bisa berbahasa Inggris? Karena saya kurang mengerti Bahasa Indonesia.

안다 비사 버르바하사 잉그리스 까르나 사야 꾸랑 멍어르띠 바하사 인도네시아

영어 하실 줄 아시나요? 제가 인도네시아어를 잘 못 알아들어서요.

B Saya bisa sedikit saja.

사야 비사 스디낏 사자

저는 조금밖에 못합니다.

단어

· siapa 누구
  시아빠

· tunggu 기다리다
  뚱구

· biro perjalanan 여행사
  비뻐르잘라난

· apa 무엇
  아빠

· karena 왜냐하면
  까르나

· pesan 예약하다
  쁘산

· pergi 가다
  뻐르기

· jemput 데리러가다
  즘뿟

· berbahasa 언어를 구사하다
  버르바하사

· Inggris 영어
  잉그리스

· mengerti 이해하다
  멍어르띠

· sedikit 조금, 약간
  스디낏

67

여행지에서 활용할 수 있는
랜드마크 실전여행 문장을
소리 내어 따라 해 보세요.

- **Siapa nama Anda?**
  시아빠 나마 안다
  성함이 어떻게 되세요?

  → **Nama saya Agung.**
  나마 사야 아궁
  제 이름은 아궁입니다.

- **Anda pintar berbahasa Indonesia.**
  안다 삔따르 버르바하사 인도네시아
  당신은 인도네시아어를 잘 하시네요.

  → **Belum. Saya bisa sedikit saja.**
  블룸. 사야 비사 스디낏 사자
  아직 아닙니다. 조금밖에 못합니다.

- **Permisi.**
  뻐르미씨
  실례합니다.

  → **Ada apa?**
  아다 아빠
  무슨 일이신가요?

- **Maksudnya apa?**
  막순냐아빠
  무슨 말씀이시죠?

  → **Oh, Anda kurang paham?**
  오ㅎ, 안다 꾸랑 빠함
  아, 당신은 이해를 잘 못하셨군요?

쉬어가기

오늘 랜드마크 실전여행에서
사용한 단어를 확장해보세요.
* 단어 Tip: 가족 호칭 I

- ayah | bapak 아버지
  아야ㅎ   바빡
- ibu 어머니
  이부
- orang tua 부모님
  오랑 뚜아
- kakak laki-laki 형, 오빠
  까깍 라끼 라끼

- kakak perempuan 누나, 언니
  까깍 쁘름뿌안
- adik laki-laki 남동생
  아딕 라끼 라끼
- adik perempuan 여동생
  아딕 쁘름뿌안

일지쓰기

랜드마크에서 대화한 내용을
떠올리며 빈칸을 채워보세요.

A

① Siapa ini? _____ sebentar.

시아빠 이니? 뚱구 스븐따르

누구세요? 잠시만 기다려 주세요.

B

② Selamat pagi. Saya dari biro _____.

슬라맛 빠기. 사야 다리 비로 뻐르잘라난.

좋은 아침입니다. 여행사에서 나왔습니다.

A

③ _____ apa?

아다 아빠

무슨 일이시죠?

B

④ _____ Anda sudah pesan perjalanan untuk pergi ke desa Trunyan, saya ke sini untuk jemput Anda.

까르나 안다 수다ㅎ 쁘산 뻐르잘라난 운뚝 뻐르기 끄 데사 뜨루냔, 사야 끄 시니 운뚝 즘쁫 안다

뜨루냔 마을 여행을 예약하셔서 모시러 왔습니다.

A

⑤ Anda bisa _____ Inggris? Karena saya kurang mengerti Bahasa Indonesia.

안다 비사 버르바하사 잉그리스 까르나 사야 꾸랑 멍어르띠 바하사 인도네시아

영어 하실 줄 아시나요? 제가 인도네시아어를 잘 못 알아들어서요.

B

⑥ Saya bisa _____ saja.

사야 비사 스디낏 사자

저는 조금밖에 못합니다.

정답

① Tunggu
② perjalanan
③ ada
④ Karena
⑤ berbahasa
⑥ sedikit

이 정도 한 마디는
랜드마크에서 꼭 해봐요.
패턴으로 완벽 암기하세요.

Saya dari
사야 다리

저는 ~ 출신입니다.

---

saya 저/저는
사야

dari ~로부터
다리

kampung 시골
깜뿡

kelas 학급, 교실
끌라스

1 하나, 일
사뚜

• Saya dari **Korea.**
사야 다리 꼬레아

저는 한국에서 왔습니다(한국 사람입니다).

• Saya dari **Busan.**
사야 다리 부산

저는 부산이 고향입니다.

• Saya dari **Samsung.**
사야 다리 삼숭

저는 삼성(회사)에 다니고 있습니다.

• Saya dari **kampung.**
사야 다리 깜뿡

저는 시골이 고향입니다.

• Saya dari **kelas 1.**
사야 다리 끌라스 사뚜

저는 1반입니다.

12 아궁산
(Gunung Agung)

오늘 배울 내용은 **관광지에서 의사소통하기 2**

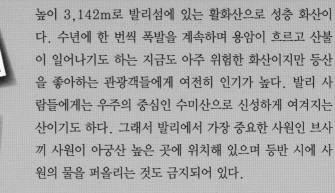

높이 3,142m로 발리섬에 있는 활화산으로 성층 화산이다. 수년에 한 번씩 폭발을 계속하며 용암이 흐르고 산불이 일어나기도 하는 지금도 아주 위험한 화산이지만 등산을 좋아하는 관광객들에게 여전히 인기가 높다. 발리 사람들에게는 우주의 중심인 수미산으로 신성하게 여겨지는 산이기도 하다. 그래서 발리에서 가장 중요한 사원인 브사끼 사원이 아궁산 높은 곳에 위치해 있으며 등반 시에 사원의 물을 퍼올리는 것도 금지되어 있다.

이번 랜드마크에서는 어떤 대화를 하는지
먼저 살펴볼까요?

 원어민의 음성을
들어보세요.

Indonesia_12.mp3

A Gunung Agung masih meletus?

구눙 아궁 마시ㅎ 믈르뚜스

아궁산이 여전히 폭발하고 있나요?

B Maaf, Boleh minta ualngi lagi?

마아프, 볼레ㅎ 민따 울랑이 라기

죄송하지만 다시 말씀해주실 수 있으신가요?

A Gunung Agung masih berbahaya?

구눙 아궁 마시ㅎ 버르바하야

아궁산이 아직 위험한가요?

B Maaf, bisakah Anda berbicara lebih perlahan?

마아프, 비사까ㅎ 안다 버르비짜라 르비ㅎ 뻐를라한

죄송하지만 더 천천히 말씀해주시겠어요?

A Apa saya boleh naik ke gunung Agung?

아빠 사야 볼레ㅎ 나익 끄 구눙 아궁

제가 아궁산에 올라가도 되나요?

B Saya belum menangkap jelas yang Anda ucapkan.

사야 블룸 므낭깝 즐라스 양 안다 우짭깐

당신이 말씀하신 것을 아직 정확히 잘 이해하지 못했어요.

단어

· meletus 폭발하다,
믈르뚜스   (화산이) 터지다

· minta ~해주세요
민따

· ulangi ~로 돌아가다, 반복하다
울랑이

· berbahaya 위험하다
버르바하야

· berbicara 말하다
버르비짜라

· perlahan 느린
뻐를라한

· menangkap 잡다
므낭깝

· jelas 명확한
즐라쓰

· mengucapkan
우짭깐   표현하다, 말하다

72

여행지에서 활용할 수 있는
랜드마크 실전여행 문장을
소리 내어 따라 해 보세요.

- **Assalamualaikum.**
  앗살라무 알라이꿈
  안녕하세요?(신의 평화가 당신에게)

  → Saya kurang mengerti kata itu. Apa artinya?
  사야 꾸랑 멍어르띠 까따 이뚜. 아빠 아르띠냐
  그 단어를 잘 이해하지 못했어요. 무슨 뜻인가요?

- **Bisa tolong bicara lebih jelas?**
  비사 똘롱 비짜라 르비ㅎ 즐라스
  더 크게 말씀해주시겠어요?

  → Kapan mau makan?
  까빤 마우 마깐
  언제 식사하실 거냐고요?

- **Sudah jelas?**
  수다ㅎ 즐라스
  확실히 알아들으셨나요?

  → Ya, saya sudah mengerti.
  야, 사야 수다ㅎ 멍어르띠
  네, 저는 이해했습니다.

- **Apakah Anda tahu di mana pom bensin terdekat?**
  아빠까ㅎ 안다 따우 디 마나 뽐 벤신 떠르드깟
  가장 가까운 주유소가 어디에 있는지 아시나요?

  → Saya kuragan tahu.
  사야 꾸랑 따우
  저는 잘 몰라요.

쉬어가기

오늘 랜드마크 실전여행에서
사용한 단어를 확장해보세요.
* 단어 Tip: 날씨

- panas 덥다
  빠나쓰
- dingin 춥다
  딩인
- cerah 맑다
  쯔라ㅎ
- sejuk 시원하다
  스죽

- hangat 따뜻하다
  항앗
- hujan 비, 비가 오다
  후잔
- angin 바람
  앙인

랜드마크에서 대화한 내용을
떠올리며 빈칸을 채워보세요.

A ① Gunung Agung _____ meletus?

구눙 아궁 마시ㅎ 믈르뚜스

아궁산이 여전히 폭발하고 있나요?

B ② Maaf, Boleh minta ualngi _____.

마아프, 볼레ㅎ 민따 울랑이 라기

죄송하지만 다시 말씀해주실 수 있으신가요?

A ③ Gunung Agung masih _____?

구눙 아궁 마시ㅎ 버르바하야

아궁산이 아직 위험한가요?

B ④ Maaf, bisakah Anda _____
lebih perlahan?

마아프, 비사까ㅎ 안다 버르비짜라 르비ㅎ 뻐를라한

죄송하지만 더 천천히 말씀해주시겠어요?

A ⑤ Apa saya boleh _____ ke gunung
Agung?

아빠 사야 볼레ㅎ 나익 끄 구눙 아궁

제가 아궁산에 올라가도 되나요?

B ⑥ Saya belum menangkap _____
yang Anda ucapkan.

사야 블룸 므낭깝 즐라스 양 안다 우짭깐

당신이 말씀하신 것을 아직 정확히 잘 이해하지 못했어요.

정답

① masih
② ulangi
③ berbahaya
④ berbicara
⑤ naik
⑥ jelas

이 정도 한 마디는
랜드마크에서 꼭 해봐요.
패턴으로 완벽 암기하세요.

Apa saya boleh
아빠 사야 볼레ㅎ

제가 ~해도 될까요?

---

tolong 돕다 똘롱	HP 핸드폰 하뻬
bon 계산서 본	alamat 주소 알라맛
nomor 번호 노모르	

- **Apa saya boleh** minta tolong?

  아빠 사야 볼레ㅎ 민따 똘롱

  제가 도움을 요청드려도 될까요?

- **Apa saya boleh** minta air?

  아빠 사야 볼레ㅎ 민따 아이르

  제가 물을 좀 얻을 수 있을까요?

- **Apa saya boleh** minta bon?

  아빠 사야 볼레ㅎ 민따 본

  계산서 좀 주시겠어요?

- **Apa saya boleh** minta nomor HP Anda?

  아빠 사야 볼레ㅎ 민따 노모르 하뻬 안다

  제가 당신의 핸드폰 번호를 여쭤봐도 될까요?

- **Apa saya boleh** minta alamat Anda?

  아빠 사야 볼레ㅎ 민따 알라맛 안다

  제가 당신의 주소를 여쭤봐도 될까요?

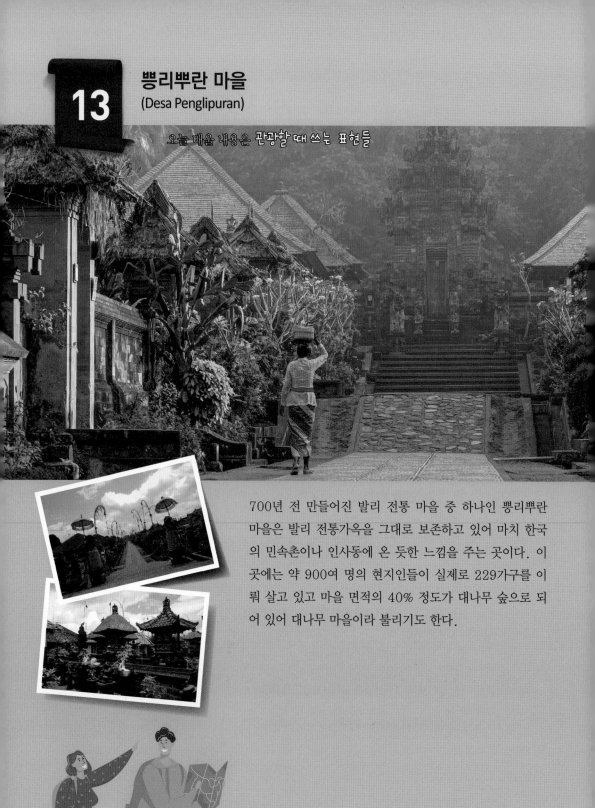

13 뻥리뿌란 마을
(Desa Penglipuran)

오늘 배울 내용은 관광할 때 쓰는 표현들

700년 전 만들어진 발리 전통 마을 중 하나인 뻥리뿌란 마을은 발리 전통가옥을 그대로 보존하고 있어 마치 한국의 민속촌이나 인사동에 온 듯한 느낌을 주는 곳이다. 이곳에는 약 900여 명의 현지인들이 실제로 229가구를 이뤄 살고 있고 마을 면적의 40% 정도가 대나무 숲으로 되어 있어 대나무 마을이라 불리기도 한다.

미리보기

이번 랜드마크에서는 어떤 대화를 하는지
먼저 살펴볼까요?

 원어민의 음성을
들어보세요.

Indonesia_13.mp3

A **Boleh saya bertanya?**

볼레ㅎ 사야 버르따냐

뭘 좀 여쭤봐도 될까요?

B **Boleh.**

볼레ㅎ

그럼요.

A **Di sini terkenal dengan apa?**

디 시니 뜨르끄날 등안 아빠

여기는 무엇으로 유명한가요?

B **Rumah tradisional terkenal di sini.**

루마ㅎ 뜨라디시오날 뜨르끄날 디 시니

전통집이 유명합니다.

A **Orangnya tinggal di dalam itu?**

오랑냐 띵갈 디 달람 이뚜

사람이 살고 있나요?

B **Ya. Silakan coba lihat.**

야. 실라깐 쪼바 리핫

네. 한번 보세요.

단어

· **bertanya** 질문하다
　버르따냐

· **dengan** ~와 함께, ~로
　등안

· **rumah** 집
　루마ㅎ

· **tradisional** 전통적인
　뜨라디시오날

· **orang** 사람
　오랑

· **tinggal** 살다, 거주하다
　띵갈

· **di** ~에
　디

· **lihat** 보다
　리핫

· **dan** 그리고
　단

· **warna** 색깔
　와르나

· **indah** 아름답다
　인다ㅎ

· **nama** 이름
　나마

77

여행지에서 활용할 수 있는
랜드마크 실전여행 문장을
소리 내어 따라 해 보세요.

● **Apa yang terkenal di sini?**
아빠 양 뜨르끄날 디 시니
여기는 무엇이 유명한가요?

→ **Di sini terkenal dengan scuba dive. Ikannya ada banyak dan warnanya indah.**
디 시니 뜨르끄날 등안 스꾸바 다이브. 이깐냐 아다 바냑 단 와르나냐 인다ㅎ
여기는 스쿠버 다이빙으로 유명해요. 고기가 많고 색깔이 아름다워요.

● **Itu apa?**
이뚜 아빠
저것은 무엇인가요?

→ **Itu Pura Hindu.**
이뚜 뿌라 힌두
저것은 힌두 사원입니다.

● **Itu namanya apa?**
이뚜 나마냐 아빠
저것은 이름이 무엇인가요?

→ **Namanya Gamelan.**
나마냐 가믈란
저것의 이름은 가믈란(인도네시아 전통 악기) 입니다.

● **Apa ini terkenal?**
아빠 이니 뜨르끄날
이것은 유명한가요?

→ **Ya, ini makanan khas Yogyakarta.**
야, 이니 마까난 하스 욕자까르따
네, 이것은 족자카르타 특산품입니다.

쉬어가기

오늘 랜드마크 실전여행에서
사용한 단어를 확장해보세요.
* 단어 Tip: 전통문화

● **tari barong** 따리 바롱
　 tari kecak 　　발리 전통 춤
　 따리께짝
● **wayang kulit** 　자바섬 전통
　 와양 꿀릿 　　　　 그림자 인형극

● **wayang golek** 　나무로 만든
　 와양 골렉 　　　　 인형극

● **batik** 　한복과 같은 전통 옷
　 바띡
● **dalang** 　인형극의 변사
　 달랑
● **angklung** 　전통 음악 악기
　 앙끌룽
● **senjata keris** 　자바섬 단도
　 슨자따 끄리스
● **lagu jail jail** 　전통 노래
　 라구 절리 절리

일지쓰기

➤ 랜드마크에서 대화한 내용을
떠올리며 빈칸을 채워보세요.

A ① Boleh saya _____?

볼레ㅎ 사야 버르따냐

뭘 좀 여쭤봐도 될까요?

B Boleh.

볼레ㅎ

그럼요.

A ② Di sini terkenal _____ apa?

디 시니 뜨르끄날 등안 아빠

여기는 무엇으로 유명한가요?

B ③ _____ tradisional terkenal di sini.

루마ㅎ 뜨라디시오날 뜨르끄날 디 시니

전통집이 유명합니다.

A ④ Orangnya _____ di dalam itu?

오랑냐 띵갈 디 달람 이뚜

사람이 살고 있나요?

B ⑤ Ya. Silakan coba _____.

야. 실라깐 쪼바 리핫

네. 한번 보세요.

정답

① bertanya
② dengan
③ Rumah
④ tinggal
⑤ lihat

79

➡ 이 정도 한 마디는
랜드마크에서 꼭 해봐요.
패턴으로 완벽 암기하세요.

Coba
쪼바

~ 시도해보세요.

- coba ~시도해보다
  쪼바
- dengar 듣다
  등아르
- nanti 나중에
  난띠

- lagi 다시, 또
  라기
- telepon 전화하다, 전화기
  뗄레뽄

- **Coba makan.**
  쪼바 마깐

  한번 드셔보세요.

- **Coba dengar.**
  쪼바 등아르

  한번 들어보세요.

- **Coba nanti.**
  쪼바 난띠

  나중에 시도해보세요.

- **Coba lagi.**
  쪼바 라기

  다시 시도해보세요.

- **Coba telepon.**
  쪼바 뗄레뽄

  전화해보세요.

14

브두굴 사원 / 울룬다누 브라딴 사원
(Pura Bedugul / Pura Ulun Danu Bratan)

🔖 오늘 배울 내용은 날씨 관련한 표현들

브두굴은 브라딴 호수 주변의 평평한 분지지역으로 호수 안에 브두굴 사원으로 알려진 울룬다누 브라딴 사원이 있고 산과 호수의 조화가 멋져 사람들이 많이 찾는 곳이다. 브라딴 호수는 브두굴 지역 내에 자리한 3곳의 호수 중 가장 크고 아름답기로 유명하다. 산과 호수를 따라 하는 트레킹은 또 다른 여행의 즐거움을 주지만 고지대에 위치해 있어 날씨가 선선한 편이기 때문에 시간대에 따라 긴 팔옷이 필요할 수도 있다.

이번 랜드마크에서는 어떤 대화를 하는지
먼저 살펴볼까요?

 원어민의 음성을
들어보세요.

Indonesia_14.mp3

A Bagaimana cuaca hari ini?

바가이마나 쭈아짜 하리 이니

오늘 날씨가 어떤가요?

B Panas tapi nanti turun hujan.

빠나스 따삐 난띠 뚜룬 후잔

더운데 나중에 비가 올 거예요.

A Kalau begitu, apa kita perlu bawa payung?

깔라우 버기뚜, 아빠 끼따 뻐를루 바와 빠융

그러면, 우산을 가져갈 필요가 있을까요?

B Ya, kayaknya begitu.

야, 까약냐 버기뚜

네, 그런 것 같아요

A Kalau turun hujan, apa kita perlu baju yang tebal?

깔라우 뚜룬 후잔, 아빠 끼따 뻐를루 바주 양 뜨발

비가 오면, 두꺼운 옷이 필요할까요?

B Saya pikir tidak.

사야 삐끼르 띠닥

제 생각엔 그렇지 않을 것 같아요.

단어

- hari ini 오늘
  하리 이니
- nanti 나중에
  난띠
- turun 내리다, 내려가다
  뚜룬
- perlu 필요하다
  뻐를루
- bawa 가져오다, 가져가다
  바와
- payung 우산
  빠융
- tebal 두꺼운
  뜨발
- berpikir 생각하다
  버르삐끼르

실전여행

여행지에서 활용할 수 있는
랜드마크 실전여행 문장을
소리 내어 따라 해 보세요.

- **Apa hari ini dingin?**
  아빠 하리 이니 딩인
  오늘 추운가요?

  → **Ya, kedinginan.**
  야, 끄딩인안
  네, 엄청 춥습니다.

- **Cuacanya bagaimana?**
  쭈아짜냐 바가이마나
  날씨가 어떤가요?

  → **Cuacanya bagus.**
  쭈아짜냐 바구스
  날씨가 좋습니다.

- **Lagi hujan?**
  라기 후잔
  비가 오고 있나요?

  → **Ya, hujan deras.**
  야, 후잔 드라스
  네, 폭우가 내리네요.

- **Minta hidupkan AC.**
  민따 히둡깐 아쎄
  에어컨을 틀어주세요.

  → **Ya, boleh.**
  야, 볼레ㅎ
  네, 그럴게요.

쉬어가기

오늘 랜드마크 실전여행에서
사용한 단어를 확장해보세요.
* 단어 Tip: 여행에 필요한
물건 I

topi 모자 또삐	sepatu olahraga 운동화 스빠뚜 올라ㅎ라가
sun block 썬크림 썬블록	handuk 수건 한둑
uang 돈 우앙	sabun 비누 사분
tunai 현금 뚜나이	sikat gigi 칫솔 시깟 기기
kartu keredit 신용카드 까르뚜 끄레딧	pasta gigi 치약 빠스따 기기

일지쓰기

➡ 랜드마크에서 대화한 내용을
떠올리며 빈칸을 채워보세요.

A ① Bagaimana cuaca hari _____?

바가이마나 쭈아짜 하리 이니

오늘 날씨가 어떤가요?

B ② _____ tapi nanti turun hujan.

빠나스 따삐 난띠 뚜룬 후잔

더운데 나중에 비가 올 거예요.

A ③ Kalau begitu, apa kita perlu bawa
_____ ?

깔라우 버기뚜, 아빠 끼따 뻐를루 바와 빠융

그러면, 우산을 가져갈 필요가 있을까요?

B ④ Ya, _____ begitu.

야, 까약냐 버기뚜

네, 그런 것 같아요

A ⑤ Kalau _____ hujan, apa kita perlu
baju yang tebal?

깔라우 뚜룬 후잔, 아빠 끼따 뻐를루 바주 양 뜨발

비가 오면, 두꺼운 옷이 필요할까요?

B ⑥ Saya _____ tidak.

사야 삐끼르 띠닥

제 생각엔 그렇지 않을 것 같아요.

정답
① ini
② Panas
③ payung
④ kayaknya
⑤ turun
⑥ pikir

84

Apa kita/kami perlu
아빠 끼따/까미 뻐를루

저희가 ~가 필요할까요?

---

bekerja 일하다 버끄르자	**handuk** 수건 한둑
sama 함께, 같다 사마	**mobil** 자동차 모빌
tunai 현금 뚜나이	

- **Apa kita perlu bekerja sama?**
  아빠 끼따 뻐를루 버끄르자 사마

  우리가 함께 일해야 할까요?

- **Apa kita perlu minum obat ini?**
  아빠 끼따 뻐를루 미눔 오밧 이니

  우리가 이 약을 먹어야 할까요?

- **Apa kami perlu tunai?**
  아빠 까미 뻐를루 뚜나이

  저희가 현금이 필요할까요?

- **Apa kami perlu handuk?**
  아빠 까미 뻐를루 한둑

  저희가 수건이 필요할까요?

- **Apa kami perlu mobil?**
  아빠 까미 뻐를루 모빌

  저희가 자동차가 필요할까요?

15 발리 사파리
(Safari Bali & Marine Park)

오늘 배울 내용은 동물원 관광하기

안전하게 코 앞에서 귀여운 동물들이 자유롭게 돌아다니는 모습을 보고 싶다면 사파리 마린파크로! 이곳에서는 가까이에서 동물들을 만져보고 먹이도 직접 줄 수 있다. 또 발리 전통 댄스부터 코끼리, 악어, 호랑이 등 다양한 동물들의 신기한 쇼들 때문에 지루할 틈이 없는 곳이다. 사파리 마린 파크에는 아이들을 위한 여러 가지 미니 놀이기구, 워터파크, 아쿠아리움도 있어 하루가 모자랄 수도 있다.

미리보기

이번 랜드마크에서는 어떤 대화를 하는지
먼저 살펴볼까요?

 원어민의 음성을
들어보세요.

Indonesia_15.mp3

단어

- apakah 입니까
  아빠까ㅎ
- naik 오르다
  나익
- baca 읽다
  바짜
- syarat 규정
  시아랏
- setelah ~한 후에
  스뜰라ㅎ
- beli 사다
  블리
- bayar 돈을 내다, 지불하다
  바야르
- memberi 주다
  멈브리
- hanya 오직, 단지
  하냐
- pertunjukan 공연, 전시
  쁘르뚠쭈깐
- kapan 언제
  까빤
- berfoto 사진찍다
  버르포또
- bersama 함께
  버르사마

A Apakah saya boleh naik gajah?

아빠까ㅎ 사야 볼레ㅎ 나익 가자ㅎ

제가 코끼리를 타봐도 되나요?

B Ya, boleh. Tapi Anda harus baca syarat dan ketentuan ini dulu.

야 볼레ㅎ. 따삐 안다 하루스 바짜 시아랏 단 끄뜬뚜안 이니 둘루

네 됩니다. 하지만 이 규정과 공지사항을 먼저 읽어주세요.

A Baik.

바익

알겠습니다.

B Setelah baca, Anda harus beli tiketnya.

스뜰라ㅎ 바짜, 안다 하루스 블리 띠껫냐

다 읽으신 후에 표를 사셔야 해요.

A Harganya berapa? Bayarnya di mana?

하르가냐 버라빠? 바야르냐 디 마나

가격이 얼마인가요? 어디에서 돈을 내면 되죠?

B Harganya Rp50.000. Belinya di sana.

하르가냐 리마 뿔루ㅎ 리부. 블리냐 디 사나

가격은 50,000루피아입니다. 저쪽에서 사시면 됩니다.

여행지에서 활용할 수 있는
랜드마크 실전여행 문장을
소리 내어 따라 해 보세요.

- **Apakah saya boleh memberi makanan?**
아빠까ㅎ 사야 볼레ㅎ 멈브리 마까난
제가 먹이를 줘도 되나요?

  → Makanannya hanya boleh wortel saja. Anda bisa
  beli itu di sini.
  마까난냐 하냐 볼레ㅎ 워르뗄 사자. 안다 비사 블리 이뚜 디 시니
  먹이는 당근만 됩니다. 여기에서 사실 수 있어요.

- **Binatang itu apa?**
비나땅 이뚜 아빠
저 동물은 무엇인가요?

  → Itu buaya.
  이뚜 부아야
  저것은 악어입니다.

- **Kapan ada pertunjukan atraksi burungnya?**
까빤 아다 쁘르뚠죽깐 아뜨락시 부룽냐
새 공연은 언제 하나요?

  → Mulai dari jam 9 pagi, pertunjukannya ada setiap 2
  jam.
  물라이 다리 잠 슴빌란 빠기, 쁘르뚠죽깐냐 아다 스띠압 두아
  오전 9시부터 시작해서 2시간마다 공연이 있습니다.

- **Saya mau berfoto bersama orangutan.**
사야 마우 버르포또 버르사마 오랑우딴
오랑우탄과 사진 찍고 싶어요.

  → Ya, silakan bayar dulu.
  야, 실라깐 바야르 둘루
  네, 먼저 돈을 내세요.

오늘 랜드마크 실전여행에서
사용한 단어를 확장해보세요.
* 단어 Tip: 동물 이름 I

- ayam 닭
  아얌
- sapi 소
  사삐
- angsa 거위
  앙사
- anjing 개
  언징
- kucing 고양이
  꾸찡

- bebek 오리
  베벡
- beruang 곰
  브루앙
- cicak 도마뱀
  찌짝
- domba 양
  돔바

➥ 랜드마크에서 대화한 내용을
떠올리며 빈칸을 채워보세요.

A 1 Apakah saya _____ naik gajah?

아빠까ㅎ 사야 볼레ㅎ 나익 가자ㅎ

제가 코끼리를 타봐도 되나요?

B 2 Ya, boleh. Tapi Anda harus baca
syarat dan ketentuan ini _____.

야 볼레ㅎ. 따삐 안다 하루스 바짜 시아랏 단 끄뜬뚜안 이니 둘루

네 됩니다. 하지만 이 규정과 공지사항을 먼저 읽어주세요.

A 3 _____.

바익

알겠습니다.

B 4 Setelah baca, Anda harus _____
tiketnya.

스뜰라ㅎ 바짜. 안다 하루스 블리 띠껫냐

다 읽으신 후에 표를 사셔야 해요.

A 5 Harganya berapa? _____ di
mana?

하르가냐 버라빠? 바야르냐 디 마나

가격이 얼마인가요? 어디에서 돈을 내면 되죠?

B 6 Harganya Rp50.000. Belinya di _____.

하르가냐 리마 뿔루ㅎ 리부. 블리냐 디 사나

가격은 50,000루피아입니다. 저쪽에서 사시면 됩니다.

정답
1 boleh
2 dulu
3 Baik
4 beli
5 Bayarnya
6 sana

이 정도 한 마디는
랜드마크에서 꼭 해봐요.
패턴으로 완벽 암기하세요.

Anda harus
안다 하루스

당신은 ~해야 합니다.

- mandi 목욕하다
  만디
- sholat 기도, 기도하다
  솔랏
- berhati-hati 조심하다
  버르하띠-하띠

- cek 확인하다
  쩩
- cuci tangan 손을 씻다
  쭈찌 땅안

- **Anda harus mandi.**
  안다 하루스 만디
  당신은 목욕해야 합니다.

- **Anda harus sholat.**
  안다 하루스 솔랏
  당신은 기도해야 합니다.

- **Anda harus berhati-hati.**
  안다 하루스 버르하띠-하띠
  당신은 조심해야 합니다.

- **Anda harus cek lagi.**
  안다 하루스 쩩 라기
  당신은 다시 확인해야 합니다.

- **Anda harus cuci tangan sebelum makan.**
  안다 하루스 쭈찌 땅안 슬블룸 마깐
  당신은 먹기 전에 손을 씻어야 합니다.

16 따나롯 사원
(Pura Tanah Lot)

 오늘 배울 내용은 *사원 관광하기*

아름다운 석양으로 유명한 따나롯 사원은 바위섬 위에 지어졌기 때문에 바다로 둘러싸여 있어 썰물 때만 길이 보인다. 그래서 썰물 때만 걸어서 들어갈 수 있는 독특한 사원이다. 바다의 신 '바루나'가 모셔져 있으며 '바다 사원' 또는 '해상 사원'으로 불리기도 한다.

미리보기

이번 랜드마크에서는 어떤 대화를 하는지
먼저 살펴볼까요?

 원어민의 음성을
들어보세요.

🎵 Indonesia_16.mp3

A Harga karcis masuk berapa?

하르가 까르찌스 마숙 버라빠

입장료가 얼마인가요?

B Harganya Rp13.000 per orang.

하르가냐 띠가블라스리부 뻬르 오랑

한 사람당 13,000루피아입니다.

A Kami 4 orang.

까미 음빳 오랑

저희는 4명입니다.

B Kalau begitu, semuanya Rp52.000.

깔라우 버기뚜, 스무아냐 리마뿔루ㅎ 두아리부

그러면, 모두 다해서 52,000루피아입니다.

A Apa saya harus bayar dengan tunai?

아빠 사야 하루스 바야르 등안 뚜나이

현금으로만 내야 하나요?

B Tidak. Kami menerima kartu kredit atau
kartu debit juga bisa.

띠닥. 까미 머느리마 까르뚜 끄레딧 아따우 까르뚜 데빗 주가 비사

아닙니다. 저희는 신용카드도 받고 체크카드도 가능합니다.

단어

· masuk 들어가다
  마숙

· per 당/매
  뻬르

· kami 우리(청자 불포함)
  까미

· semuanya 모두 다해서
  스무아냐

· nggak 아니다 (tidak의구어체 표현)
  응각

· menerima 받다
  머느리마

· kartu kredit 신용카드
  까르뚜 끄레딧

· kartu debit 현금카드
  까르뚜 데빗

· juga 또한, 역시
  주가

92

여행지에서 활용할 수 있는
랜드마크 실전여행 문장을
소리 내어 따라 해 보세요.

● **Bolehkah saya pakai celana pendek?**
볼레ㅎ까ㅎ 사야 빠까이 쯜라나 뻰덱
제가 반바지를 입어도 될까요?

→ Tidak boleh. Anda harus meminjam sarung.
띠닥 볼레ㅎ. 안다 하루스 머민잠 사룽
안 됩니다. 사룽을 빌리셔야 합니다.

● **Bolehkah saya pakai rok?**
볼레ㅎ까ㅎ 사야 빠까이 록
제가 치마를 입어도 될까요?

→ Boleh, tapi yang panjang saja. Kalau yang pendek,
  tidak boleh.
뽈레ㅎ, 따삐 양 빤장 사자. 깔라우 양 뻰덱, 띠닥 볼레ㅎ
됩니다. 하지만 긴 치마만 됩니다. 짧은 치마는 안 됩니다.

● **Bolehkah saya pinjam sarung?**
볼레ㅎ까ㅎ 사야 삔짬 사룽
제가 허리에 두르는 천을 빌릴 수 있을까요?

→ Tentu boleh. Setelah pakai, harus dibalikin.
뜬뚜 볼레ㅎ. 스뜰라ㅎ 빠까이, 하루스 디발릭낀
당연히 됩니다. 사용하시고 난 후에 꼭 돌려주셔야합니다.

● **Apa sarung ini gratis?**
아빠 사룽 이니 그라띠스
이 사룽은 무료인가요?

→ Betul. Anda tidak usah bayar.
브뚤. 안다 띠닥 우사ㅎ 바야르
맞습니다. 돈을 내실 필요가 없으세요.

오늘 랜드마크 실전여행에서
사용한 단어를 확장해보세요.
* 단어 Tip: 의류 II

kaos kaki 양말 까오스 까끼	sarung tangan 장갑 사룽 땅안
dasi 넥타이 다씨	ikat pinggang 벨트 이깟 삥강
jaket 잠바 자켓	jaket kulit 가죽 잠바 자켓 꿀릿
jilbab 무슬림 여성들이 질밥 머리에 두르는 천	rompi 조끼 롬삐

일지쓰기

랜드마크에서 대화한 내용을
떠올리며 빈칸을 채워보세요.

A ① Harga karcis masuk _____?

하르가 까르찌스 마숙 버라빠

입장료가 얼마인가요?

B ② Harganya Rp13.000 per _____.

하르가냐 띠가블라스리부 뻬르 오랑

한 사람당 13,000루피아입니다.

A ③ _____ 4 orang.

까미 음빳 오랑

저희는 4명입니다.

B ④ Kalau begitu, _____ Rp52.000.

깔라우 버기뚜, 스무아냐 리마뿔루ㅎ 두아리부

그러면, 모두 다해서 52,000루피아입니다.

A ⑤ Apa saya harus bayar _____ tunai?

아빠 사야 하루스 바야르 등안 뚜나이

현금으로만 내야 하나요?

B ⑥ Tidak. Kami _____ kartu kredit atau kartu debit juga bisa.

띠닥. 까미 머느리마 까르뚜 끄레딧 아따우 까르뚜 데빗 주가 비사

아닙니다. 저희는 신용카드도 받고 체크카드도 가능합니다.

정답
① berapa
② orang
③ Kami
④ semuanya
⑤ dengan
⑥ menerima

94

➤ 이 정도 한 마디는
랜드마크에서 꼭 해봐요.
패턴으로 완벽 암기하세요.

Anda tidak usah
안다 띠닥 우사ㅎ

당신은 ~할 필요가 없습니다.

---

menukar 교환하다 므누까르	membantu 돕다 멈반뚜
beli 사다 블리	bantuan 도움 반뚜안
apapun 아무거나, 무엇이든지 아빠뿐	

- **Anda tidak usah** pakai taksi.
  안다 띠닥 우사ㅎ 빠까이 딱씨
  당신은 택시를 이용할 필요가 없습니다.

- **Anda tidak usah** menukar uang.
  안다 띠닥 우사ㅎ 므누까르 우앙
  당신은 환전할 필요가 없습니다.

- **Anda tidak usah** beli apapun.
  안다 띠닥 우사ㅎ 블리 아빠뿐
  당신은 아무것도 살 필요가 없습니다.

- **Anda tidak usah** membantu.
  안다 띠닥 우사ㅎ 멈반뚜
  당신은 (다른 사람을) 도와줄 필요가 없습니다.

- **Anda tidak usah** bantuannya.
  안다 띠닥 우사ㅎ 반뚜안냐
  당신은 그의 도움을 받을 필요가 없습니다.

발리 3

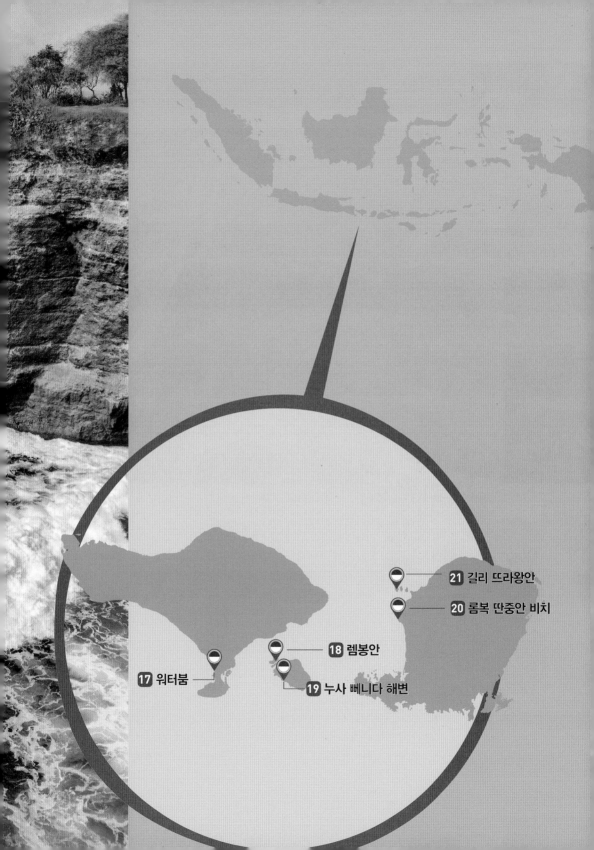

21 길리 뜨라왕안

20 롬복 딴중안 비치

18 렘봉안

17 워터붐

19 누사 뻬니다 해변

17

워터붐
(Waterbom)

오늘 배울 내용은 **워터파크에서 쓰는 표현들**

워터붐은 발리 꾸따에 위치한 워터파크로 온 가족이 함께 특별한 하루를 보낼 수 있는 곳이다. 한국의 대형 워터파크보다는 규모가 작지만 인도네시아만의 분위기와 어우러져 또 다른 워터파크의 맛을 자아낸다. 수건과 락커는 유료이므로 수건을 넉넉하게 챙겨가는 것이 비용을 줄일 수 있는 팁! 스릴 만점의 어마 무시한 슬라이드들이 배치되어 있으니 규모가 작다고 무시는 금물. 인도네시아 최고의 어트렉션이라 해도 과언이 아니니 꼭 한번 가보길 추천한다.

미리보기

이번 랜드마크에서는 어떤 대화를 하는지
먼저 살펴볼까요?

 원어민의 음성을
들어보세요.

Indonesia_17.mp3

A Adakah promo untuk sekeluarga atau kelompok?

아다까ㅎ 쁘로모 운뚝 스끌루아르가 아따우 끌롬뽁

가족이나 그룹 할인이 있나요?

B Ya, ada. Kalau lebih dari 4 orang, bisa dapat 30% diskon.

야, 아다. 깔라우 르비ㅎ 다리 음빳 오랑, 비사 다빳 띠가 뿔루ㅎ 뻐르쎈 디스꼰

네, 있습니다. 4명 이상이면 30% 할인을 받으실 수 있습니다.

A Oh, kami 4 orang, 2 dewasa dan 2 anak.

오ㅎ, 까미 음빳 오랑, 두아 데와사 단 두아 아낙

네, 저희는 4명입니다. 어른 2명, 아이 2명이요.

B Baik. Mau bayar dengan kartu kredit atau tunai?

바익. 마우 바야르 등안 까르뚜 끄레딧 아따우 뚜나이

알겠습니다. 신용카드로 결제하시겠어요, 현금으로 결제하시겠어요?

A Boleh saya bayar pakai kartu debit?

볼레ㅎ 사야 바야르 빠까이 까르뚜 데빗

체크카드로 계산해도 되나요?

B Ya, boleh. Semuanya Rp1.250.000.

야, 볼레ㅎ. 스무아냐 사뚜 주따 두아 라뚜스 리마 뿔루ㅎ 리부

네, 가능합니다. 다해서 1,250,000루피아입니다.

단어

adakah 있습니까
아다까ㅎ

promo 가격할인
쁘로모

sekeluarga 한가족
스끌루아르가

kelompok 그룹, 단체
끌롬뽁

diskon 할인
디스꼰

dewasa 어른
데와사

anak 아이, 자녀
아낙

pakai 사용하다, 넣다, 입다
빠까이

99

➡ 여행지에서 활용할 수 있는
랜드마크 실전여행 문장을
소리 내어 따라 해 보세요.

• **Kamar pas ada di mana?**
까마르 빠스 아다 디 마나
탈의실이 어디에 있나요?

→ Lulus dan belok kanan.
루루스 단 벨록 까난
직진하시다가 오른쪽으로 도세요.

• **Lokernya ada di mana?**
로꺼르냐 아다 디 마나
물품보관실이 어디 있나요?

→ Itu ada di satu lantai bawah.
이뚜 아다 디 사뚜 란따이 바와ㅎ
그것은 한층 아래에 있습니다.

• **Pusat pertolongan pertama ada di mana?**
뿌삿 뻐르똘롱안 뻐르따마 아다 디 마나
응급처치실이 어디 있나요?

→ Itu ada di lantai 2.
이뚜 아다 디 란따이 두아.
그것은 2층에 있습니다.

• **Saya mau nyewa handuk.**
사야 마우 녜와 한둑
수건을 빌리고 싶어요.

→ Boleh. Maunya berapa?
볼레ㅎ. 마우냐 버라빠
됩니다. 몇 개를 원하세요?

쉬어가기

➡ 오늘 랜드마크 실전여행에서
사용한 단어를 확장해보세요.
* 단어 Tip: 음식

• nasi 밥
나시
• mi 면
미
• air putih (마시는)물
아이르 뿌띠ㅎ
• teh 차
떼ㅎ
• teh tawar (설탕을 넣지 않은)
떼ㅎ 따와르   홍차
• kopi 커피
꼬삐

• teh manis (설탕을 넣은) 홍차
떼ㅎ 마니스
• roti 빵
로띠
• daging 고기
다깅
• ikan 생선
이깐
• es 얼음
에스

일지쓰기

➡️ 랜드마크에서 대화한 내용을
떠올리며 빈칸을 채워보세요.

> **A** ① Adakah promo untuk sekeluarga
> atau _____?

아다까ㅎ 쁘로모 운뚝 스끌루아르가 아따우 끌롬뽁

가족이나 그룹 할인이 있나요?

> **B** ② Ya, ada. Kalau _____ _____ 4 orang,
> bisa dapat diskon 30%.

야, 아다. 깔라우 르비ㅎ 다리 음빳 오랑, 비사 다빳 띠가 빨루ㅎ 뻐르쎈 디스꼰

네, 있습니다. 4명 이상이면 30% 할인을 받으실 수 있습니다.

> **A** ③ Oh, kami 4 orang, 2 _____ dan 2
> anak.

오ㅎ, 까미 음빳 오랑, 두아 데와사 단 두아 아낙

네, 저희는 4명입니다. 어른 2명, 아이 2명이요.

> **B** ④ Baik. Mau bayar dengan _____
> atau tunai?

바익. 마우 바야르 등안 까르뚜 끄레딧 아따우 뚜나이

알겠습니다. 신용카드로 결제하시겠어요, 현금으로 결제하시겠
어요?

> **A** ⑤ Boleh saya bayar pakai _____?

볼레ㅎ 사야 바야르 빠까이 까르뚜 데빗

체크카드로 계산해도 되나요?

> **B** ⑥ Ya, _____. Semuanya Rp1.250.000.

야, 볼레ㅎ. 스무아냐 사뚜 주따 두아 라뚜스 리마 뿔루ㅎ 리부

네, 가능합니다. 다해서 1,250,000루피아입니다.

정답

① kelompok
② lebih dari
③ dewasa
④ kartu kredit
⑤ kartu debit
⑥ boleh

➡️ 이 정도 한 마디는
랜드마크에서 꼭 해봐요.
패턴으로 완벽 암기하세요.

lebih ~ dari(pada)
르비ㅎ ~ 다리(빠다)

~ 보다 ~하다.

- tinggi 키가 큰
  띵기
- berat 무거운
  브랏
- cantik 예쁜
  짠띡

- pintar 똑똑한
  삔따르
- lebih 더
  르비ㅎ

- **Dia lebih tinggi dari(pada) saya.**
  디아 르비ㅎ 띵기 다리(빠다) 사야

  그녀는 저보다 키가 큽니다.

- **Itu lebih berat dari(pada) ini.**
  이뚜 르비ㅎ 브랏 다리(빠다) 이니

  저것은 이것보다 더 무겁습니다.

- **Ibu Ayu lebih cantik dari(pada) Ibu Dwi.**
  이부 아유 르비ㅎ 짠띡 다리(빠다) 이부 드위

  아유 여사는 드위 여사보다 더 예쁩니다. *Ibu : 여자를 높여 부르는 말

- **Pak Budi lebih pintar dari(pada) Pak Iman.**
  빠 부디 르비ㅎ 삔따르 다리(빠다) 빡 이만

  부디 선생님은 이만 선생님보다 더 똑똑합니다. *Pak : 남자를 높여 부르는 말

- **Nasi goreng lebih enak dari(pada) Mi goreng.**
  나시 고렝 르비ㅎ 에낙 다리(빠다) 미 고렝

  나시 고렝은 미고렝보다 더 맛있습니다.

18 렘봉안
(Lembongan)

오늘 배울 내용은 해양 스포츠를 즐길 때 쓰는 표현들

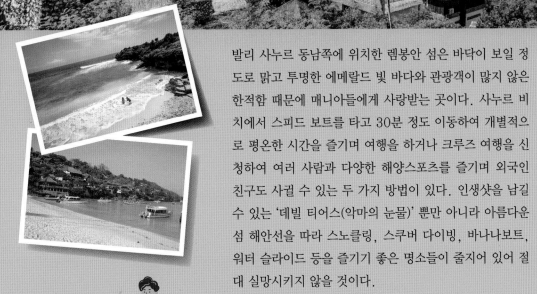

발리 사누르 동남쪽에 위치한 렘봉안 섬은 바닥이 보일 정도로 맑고 투명한 에메랄드 빛 바다와 관광객이 많지 않은 한적함 때문에 매니아들에게 사랑받는 곳이다. 사누르 비치에서 스피드 보트를 타고 30분 정도 이동하여 개별적으로 평온한 시간을 즐기며 여행을 하거나 크루즈 여행을 신청하여 여러 사람과 다양한 해양스포츠를 즐기며 외국인 친구도 사귈 수 있는 두 가지 방법이 있다. 인생샷을 남길 수 있는 '데빌 티어스(악마의 눈물)' 뿐만 아니라 아름다운 섬 해안선을 따라 스노클링, 스쿠버 다이빙, 바나나보트, 워터 슬라이드 등을 즐기기 좋은 명소들이 줄지어 있어 절대 실망시키지 않을 것이다.

이번 랜드마크에서는 어떤 대화를 하는지
먼저 살펴볼까요?

 원어민의 음성을
들어보세요.

▶ Indonesia_18.mp3

A **Kegiatan apa yang boleh saya coba di sini?**

끄기앗딴 아빠 양 볼레ㅎ 사야 쪼바 디 시니

어떤 활동을 제가 여기에서 해볼 수 있나요?

B **Anda boleh coba apa saja. Maunya apa?**

안다 볼레ㅎ 쪼바 아빠 사자. 마우냐 아빠

당신은 무엇이든지 해볼 수 있습니다. 어떤 걸 원하세요?

A **Kalau begitu, saya mau coba parasailing.**

깔라우 버기뚜, 사야 마우 쪼바 빠라쎄일링

그러면 저는 패러세일링을 해보고 싶습니다.

B **Mau sendiri atau ditemani instruktur?**

마우 슨디리 아따우 디뜨마니 인스뚜룩뚜르

혼자 타시겠어요 아니면 코치와 같이 타시겠어요?

A **Saya takut jadi minta bareng saja.**

사야 따꿋 자디 민따 바릉 사자

저는 무서워요, 그러니 같이 타면 안 될까요?

B **Tentu boleh.**

뜬뚜 볼레ㅎ

당연히 됩니다.

단어

- apa saja 무엇이든
  아빠자
- sendiri 혼자서
  슨디리
- teman 친구
  뜨만
- menemani 동행하다
  머느마니
- takut 무서워하다
  따꿋
- jadi 그래서
  자디
- bareng 함께, 같이
  바릉
- tentu 확실한, 분명한
  뜬뚜
- bernafas 숨 쉬다
  버르나파스
- katak 개구리
  까딱
- fasilitas 시설
  파실리따스
- daftar 목록, 명부, 등재하다
  다프따르
- pilihan 선택
  삘리한

104

여행지에서 활용할 수 있는
랜드마크 실전여행 문장을
소리 내어 따라 해 보세요.

- **Di sini ada apa?**
  디 시니 아다 아빠
  여기에는 무엇이 있나요?

  → Di sini ada jaket pelampung, alat bernafas, dan
  sepatu katak.
  디 시니 아다 자껫 뻘람뿡, 알랏 버르나파스, 단 스빠뚜 까딱
  여기에는 구명조끼, 스노클 안경, 그리고 오리발이 있습니다.

- **Fasilitas apa yang bisa saya pakai?**
  파실리따스 아빠 양 비사 사야 빠까이
  어떤 시설을 제가 이용할 수 있나요?

  → Di sini ada fasilitas shower, AC, dan alat alatnya.
  디 시니 아다 빠실리따스 쇼워르, 아쎄, 단 알랏 알랏냐
  여기에는 샤워실, 에어컨, 그리고 장비들이 있습니다.

- **Bagaimana caranya?**
  바가이마나 짜라냐
  어떻게 하는 거죠?

  → Ini adalah daftar pilihan dan harga paket water
  sports.
  이니 아달라ㅎ 다프따르 삘리한 단 하르가 빠껫 워떠르 스뽀쯔
  여기에 해양스포츠 목록과 가격표가 있습니다.

- **Saya mau coba yang ini.**
  사야 마우 쪼바 양 이니
  저는 이걸 해보고 싶어요.

  → Hari ini cuacanya buruk, jadi yang ini tidak bisa.
  하리 이니 주아짜냐 부룩, 자디 양 이니 띠닥 비사
  오늘 날씨가 안 좋아서 이것은 할 수 없습니다.

쉬어가기

오늘 랜드마크 실전여행에서
사용한 단어를 확장해보세요.
* 단어 Tip: 수상스포츠

kegiatan laut 수상스포츠 끄기앗딴 라웃	Flyboard 플라이피쉬 플라이보르드
Parasailing 페러세일링 빠라사일링	Wisata kapal selam 잠수함 위사따 까빨 슬람
Jet ski 제트 스키 제뜨 스까	Rolling donut 롤링 도넛 롤링 도넛
Banana boat 바나나보트 바나나 보웃	Seawalker 씨워커 씨워꺼르
Rafting 래프팅 래프띵	

일지쓰기

랜드마크에서 대화한 내용을
떠올리며 빈칸을 채워보세요.

A ① _____ apa yang boleh saya coba di sini?

끄기앗딴 아빠 양 볼레ㅎ 사야 쪼바 디 시니

어떤 활동을 제가 여기에서 해볼 수 있나요?

B ② Anda boleh coba _____. Maunya apa?

안다 볼레ㅎ 쪼바 아빠 사자, 마우냐 아빠

당신은 무엇이든지 해 볼 수 있습니다. 어떤 걸 원하세요?

A ③ Kalau begitu, saya _____ coba parasailing.

깔라우 버기뚜, 사야 마우 쪼바 빠라쎄일링

그러면 저는 패러세일링을 해보고 싶습니다.

B ④ Mau _____ atau ditemani instruktur?

마우 슨디리 아따우 디뜨마니 인스뚜룩뚜르

혼자 타시겠어요 아니면 코치와 같이 타시겠어요?

A ⑤ Saya _____ jadi minta bareng saja.

사야 따꿋 자디 민따 바릉 사자

저는 무서워요, 그러니 같이 타면 안 될까요?

B ⑥ _____ boleh.

뜬뚜 볼레ㅎ

당연히 됩니다.

정답

① Kegiatan
② apa saja
③ mau
④ sendiri
⑤ takut
⑥ Tentu

106

기억하기

이 정도 한 마디는
랜드마크에서 꼭 해봐요.
패턴으로 완벽 암기하세요.

> **Di ~ sini**
> 디 ~ 시니
> **여기 ~에**

dalam 안에
달람

bawah 아래
바와ㅎ

kecoa 바퀴벌레
끄쪼아

debu 먼지
드부

permen 사탕
뻐르멘

• **Ada banyak nyamuk di dalam sini.**
아다 바냑 냐묵 디 달람 시니

여기 안에 모기가 많다.

• **Ada banyak cicak di bawah sini.**
아다 바냑 찌짝 디 바와ㅎ 시니

여기 아래에 찌짝이 많다.

• **Ada banyak kecoa di atas sini.**
아다 바냑 끄쪼아 디 아따스 시니

여기 위에 바퀴벌레가 많다.

• **Ada banyak debu di antara sini.**
아다 바냐 드부 디 안따라 시니

여기 사이에 먼지가 많다.

• **Ada banyak permen di samping sini.**
아다 바냐 뻐르멘 디 삼삥 시니

여기 옆에 사탕이 많다.

19 누사 뻬니다 해변
(Pantai Nusa Penida)

💧 오늘 배울 내용은 요청하거나 허락이 필요할때 쓰는 표현들

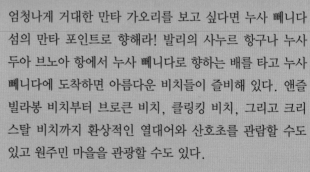

엄청나게 거대한 만타 가오리를 보고 싶다면 누사 뻬니다 섬의 만타 포인트로 향해라! 발리의 사누르 항구나 누사 두아 브노아 항에서 누사 뻬니다로 향하는 배를 타고 누사 뻬니다에 도착하면 아름다운 비치들이 즐비해 있다. 앤즐 빌라봉 비치부터 브로큰 비치, 클링킹 비치, 그리고 크리스탈 비치까지 환상적인 열대어와 산호초를 관람할 수도 있고 원주민 마을을 관광할 수도 있다.

원어민의 음성을
들어보세요.

🎵 Indonesia_19.mp3

A Saya boleh duduk di sini?

사야 볼레ㅎ 두둑 디 시니

제가 여기 앉아도 될까요?

B Tempat itu sudah penuh. Kalau yang ini bagaimana?

뜸빳 이뚜 수다ㅎ 쁘누ㅎ. 깔라우 양 이니 바가이마나

그 자리는 다른 사람이 있습니다. 이 자리(것)는 어떠세요?

A Itu tidak begitu cocok. Minta yang lain saja.

이뚜 띠닥 버기뚜 쪼쪽. 민따 양 라인 사자

그것은 별로네요. 다른 자리(것)로 주세요.

B Baik. Bagaimana dengan yang ini?

바익. 바가이마나 등안 양 이니

알겠습니다. 이 자리(것)는 어떠세요?

A Ya, saya mau yang itu.

야, 사야 마우 양 이뚜

네, 저는 그 자리(것)로 할게요.

B Oke.

오케

알겠습니다.

단어

· duduk 앉다
  두둑

· tempat 장소, 위치
  뜸빳

· penuh 가득찬
  쁘누ㅎ

· kalau ~라면
  깔라우

· yang ini 이것
  양이니

· begitu 그렇게
  버기뚜

· cocok 적합한, 알맞은
  쪼쪽

· yang lain 다른 것
  양라인

여행지에서 활용할 수 있는
랜드마크 실전여행 문장을
소리 내어 따라 해 보세요.

● **Masih lama?**
마시ㅎ 라마
아직 (시간이) 멀었나요?

→ Sebentar lagi.
스븐따르 라기
조금만 더 있으면 됩니다.

● **Sudah selesai?**
수다ㅎ 슬르사이
끝났나요?

→ Belum. Tunggu sebentar.
블룸. 뚱구 스븐따르
아직이요. 잠시만 기다려주세요.

● **Bolehkah?**
볼레ㅎ까ㅎ
해도 될까요?

→ Ya, boleh.
야, 볼레ㅎ
네, 됩니다.

● **Haruskah?**
하루스까ㅎ
꼭 해야 하나요?

→ Tidak. Itu tidak wajib.
띠닥. 이뚜 띠닥 와집
아닙니다. 의무는 아니에요.

쉬어가기

오늘 랜드마크 실전여행에서
사용한 단어를 확장해보세요.
* 단어 Tip: 야채 I

- kentang 감자
  끈땅
- wortel 당근
  워르뗄
- sawi 배추
  사위
- timun 오이
  띠문

- kacang 땅콩
  까짱
- tauge 콩나물
  따우게
- jamur 버섯
  자무르
- jagung 옥수수
  자궁

랜드마크에서 대화한 내용을
떠올리며 빈칸을 채워보세요.

A ① Saya boleh _____ di sini?

사야 볼레ㅎ 두둑 디 시니

제가 여기 앉아도 될까요?

B ② Tempat itu sudah _____. Kalau
yang ini bagaimana?

뜸빳 이뚜 수다ㅎ 쁘누ㅎ. 깔라우 양 이니 바가이마나

그 자리는 다른 사람이 있습니다. 이 자리(것)는 어떠세요?

A ③ Itu tidak begitu _____. Minta
yang lain saja.

이뚜 띠닥 버기뚜 쪼쪽. 민따 양 라인 사자

그것은 별로네요. 다른 자리(것)로 주세요.

B ④ Baik. _____ dengan yang ini?

바익. 바가이마나 등안 양 이니

알겠습니다. 이 자리(것)는 어떠세요?

A ⑤ Ya, saya mau yang _____.

야. 사야 마우 양 이뚜

네, 저는 그 자리(것)로 할게요.

B ⑥ _____.

오께

알겠습니다.

정답
----
① duduk
② penuh
③ cocok
④ Bagaimana
⑤ itu
⑥ Oke

기억하기

이 정도 한 마디는
랜드마크에서 꼭 해봐요.
패턴으로 완벽 암기하세요.

sudah
수다ㅎ

(이미) ~했습니다.(완료)

- cukup 충분한
  쭈꿉
- siap 준비되다
  시압
- mulai 시작하다
  물라이

- aku 나
  아꾸
- biasa 일상의, 숙달된
  비아사

· **Sudah cukup.**
　수다ㅎ 쭈꿉

　이미 충분해요.

· **Sudah siap?**
　수다ㅎ 시압?

　준비되었나요?

· **Sudah mulai?**
　수다ㅎ 물라이?

　(이미) 시작되었나요?

· **Aku sudah tahu.**
　아꾸 수다ㅎ 따우

　전 이미 알고 있어요.

· **Itu sudah biasa.**
　이뚜 수다ㅎ 비아사

　그건 이미 늘 있는 (익숙한) 일이 되었어요.

20 롬복 딴중안 비치
(Pantai Tanjungan Lombok)

🔷 오늘 배울 내용은 비치에서 쓰는 표현들

롬복은 발리에서 배를 타고 40-50분 정도 가면 있는 섬으로 발리와는 사뭇 다른 분위기를 자아낸다. 발리가 사람들이 북적거리는 다운타운이라면 롬복은 조용하고 한적한 휴양지랄까. 롬복 원주민인 사삭족의 문화와 생활을 직접 엿볼 수 있는 사삭 빌리지 투어도 재미있지만 무엇보다 에메랄드 빛의 아름다운 해변으로 둘러싸인 대자연의 황홀함을 차근차근 느껴볼 것을 추천한다.

미리보기

이번 랜드마크에서는 어떤 대화를 하는지
먼저 살펴볼까요?

 원어민의 음성을
들어보세요.

Indonesia_20.mp3

A Apa pantai Tanjungan ramai?

아빠 빤따이 딴중안 라마이

딴중안 비치에 사람이 많은가요?

B Biasanya jam segini tidak begitu ramai.

비아사냐 잠 스기니 띠닥 버기뚜 라마이

보통 이 시간에는 사람이 그렇게 많지 않아요.

A Kalau begitu, bolehkah saya berenang di sana?

깔라우 버기뚜, 볼레ㅎ까ㅎ 사야 버르낭 디 사나

그러면 거기에서 수영해도 되나요?

B Biasanya jam segini ombaknya tinggi.

비아사냐 잠 스기니 옴박냐 띵기

보통 이 시간 즈음에는 파도가 높아요.

A Kalau begitu, itu mungkin bahaya.

깔라우 버기뚜, 이뚜 뭉낀 바하야

그러면, 위험할지도 모르겠네요.

B Ya, saya kira itu bahaya.

야, 사야 끼라 이뚜 바하야

네, 제 생각에 그것은 위험하겠네요.

단어

- pantai 해변
  빤따이

- ramai 혼잡한, 붐비는
  라마이

- berenang 수영하다
  버르낭

- ombak 파도
  옴박

- tinggi 높다
  띵기

- mungkin 아마도
  뭉낀

- bahaya 위험한
  바하야

- kira 추측하다, 생각하다
  끼라

여행지에서 활용할 수 있는
랜드마크 실전여행 문장을
소리 내어 따라 해 보세요.

• **Di mana saya bisa mandi?**
디 마나 사야 비사 만디
어디에서 목욕할 수 있나요?

→ **Di sini tidak ada fasilitas untuk mandi.**
디 시니 띠닥 아다 파실리따쓰 운뚝 만디
여기에는 목욕을 위한 시설이 없습니다.

• **Bisakah saya nyewa alat snorkeling?**
비사까ㅎ 사야 녜와 알랏 스노르끌링
스노클링 장비를 빌릴 수 있나요?

→ **Ya, silakan.**
야 실라깐
네, 그러세요.

• **Hari ini ombaknya tinggi?**
하리 이니 옴박냐 띵기
오늘 파도가 높은가요?

→ **Tidak. Hari ini aman.**
띠닥. 하리 이니 아만
아니요. 오늘은 안전합니다.

• **Apa pantai itu ramai?**
아빠 빤따이 이뚜 라마이
그 해변은 사람이 많나요?

→ **Tidak. Itu sepi.**
띠닥. 이뚜 스삐
아니요. 한적합니다.

쉬어가기

오늘 랜드마크 실전여행에서
사용한 단어를 확장해보세요.
* 단어 Tip: 인도네시아의 화폐
루피아

Rp1.000 약 90원 (환율에 따라 달라질 수 있음) 스리부 루삐아ㅎ	**Rp10.000** 약 900원 스뿔루ㅎ 리부 루삐아ㅎ
Rp2.000 약 180원 두아 리부 루삐아ㅎ	**Rp20.000** 약 1,800원 두아 뿔루ㅎ 리부 루삐아ㅎ
Rp5.000 약 450원 리마 리부 루삐아ㅎ	**Rp50.000** 약 4,500원 리마 뿔루ㅎ 리부 루삐아ㅎ
	Rp100.000 약 9,000원 스라뚜스 리부 루삐아ㅎ

➡ 랜드마크에서 대화한 내용을
떠올리며 빈칸을 채워보세요.

A ① Apa pantai Tanjungan _____?

아빠 빤따이 딴중안 라마이

딴중안 비치에 사람이 많은가요?

B ② Biasanya jam segini _____ begitu ramai.

비아사냐 잠 스기니 띠닥 버기뚜 라마이

보통 이 시간에는 사람이 그렇게 많지 않아요.

A ③ Kalau begitu, bolehkah saya _____ di sana?

깔라우 버기뚜, 볼레ㅎ까ㅎ 사야 버르낭 디 사나

그러면 거기에서 수영해도 되나요?

B ④ Biasanya jam segini ombaknya _____.

비아사냐 잠 스기니 옴박냐 띵기

보통 이 시간 즈음에는 파도가 높아요.

A ⑤ Kalau begitu, itu _____ bahaya.

깔라우 버기뚜, 이뚜 뭉낀 바하야

그러면, 위험할지도 모르겠네요.

B ⑥ Ya, saya _____ itu bahaya.

야, 사야 끼라 이뚜 바하야

네, 제 생각에 그것은 위험하겠네요.

정답

① ramai
② tidak
③ berenang
④ tinggi
⑤ mungkin
⑥ kira

▶ 이 정도 한 마디는
랜드마크에서 꼭 해봐요.
패턴으로 완벽 암기하세요.

Kalau begitu
깔라우 버기뚜
그렇다면

- **pulang** 귀가하다, 퇴근하다, (집으로)돌아가다
  뿔랑
- **keluar** 나가다, 밖으로 나가다, 외출하다
  끌루아르
- **besok** 내일
  베속
- **sendirian** 혼자, 외로이, 홀로
  슨디리안
- **berlatih** 연습하다
  버를라띠ㅎ

· Kalau begitu, saya akan pulang.
깔라우 버기뚜, 사야 아깐 뿔랑

그렇다면, 저는 집에 갈게요.

· Kalau begitu, saya akan keluar.
깔라우 버기뚜, 사야 아깐 끌루아르

그렇다면, 저는 나갈게요.

· Kalau begitu, saya akan menelepon dia besok pagi.
깔라우 버기뚜, 사야 아깐 머넬레뽄 디아 베속 빠기

그렇다면, 제가 내일 아침에 그에게 전화할게요.

· Kalau begitu, saya akan makan sendirian.
깔라우 버기뚜, 사야 아깐 마깐 슨디리안

그렇다면, 저는 혼자 먹을게요.

· Kalau begitu, saya akan berlatih sekarang.
깔라우 버기뚜, 사야 아깐 버를라띠ㅎ 스까랑

그렇다면, 저는 지금 연습할게요.

21 길리 뜨라왕안
(Gili Trawangan)

오늘 배울 내용은 배 탈 때 쓰는 표현들

길리섬은 길리 뜨라왕안, 길리메노, 길리 아이르 이렇게 세 개의 섬으로 이루어져 있다. 이 중 윤식당으로 우리나라에서도 유명해진 길리 뜨라왕안은 사실 윤식당 촬영지뿐만 아니라 그 외에도 숨이 멎을 정도로 아름다운 곳이 많다. 선착장 주변으로 많은 레스토랑과 다이빙 샵이 밀집되어 있어 볼거리를 제공해주고 저녁에는 야시장도 열린다. 북쪽 해변을 따라서는 거북이도 자주 출몰하고 패들보딩, 카약, 스노쿨링 등의 해양스포츠도 재미를 더한다. Ashton Sunset 리조트와 같은 소문난 선셋 포인트에서 일몰을 바라보는 것도 경이롭다.

미리보기

이번 랜드마크에서는 어떤 대화를 하는지
먼저 살펴볼까요?

원어민의 음성을
들어보세요.

🎵 Indonesia_21.mp3

A **Bagaimana ke Gili Trawangan?**

바가이마나 끄 길리 뜨라왕안

길리 뜨라왕안에 어떻게 가나요?

B **Kalau mau ke sana, Anda harus naik kapal laut.**

깔라우 마우 끄 사나, 안다 하루스 나익 까빨 라웃

거기에 가시려면, 배를 타셔야 합니다.

A **Di mana bisa naik kapal laut?**

디 마나 비사 나익 까빨 라웃

배는 어디에서 탈 수 있나요?

B **Di Serangan atau Padang bai.**

디 세랑안 아따우 빠당 바이

세랑안이나 빠당바이에서요.

A **Kapal laut itu jam berapa berangkat?**

까빨 라웃 이뚜 잠 버라빠 브랑깟

그 배가 몇 시에 출발하나요?

B **Biasanya pagi atau siang.**

비아사냐 빠기 아따우 씨앙

보통 아침이나 오전 10시~2시쯤 (출발합니다).

단어

- dijemput 데리러오다
  디즘뿟
- lewat 지나서
  르왓
- internet 인터넷
  인떠르넷
- telepon 전화, 전화하다
  뗄레뽄
- sampai 도착하다
  삼빠이
- pulang-pergi 왕복
  뿔랑르기
- langsung 곧장
  랑숭

119

여행지에서 활용할 수 있는 랜드마크 실전여행 문장을 소리 내어 따라 해 보세요.

• **Berapa lama sampai ke sana?**
버라빠 라마 삼빠이 끄 사나
거기까지 가는 데 얼마나 오래 걸리나요?

→ **1.30 jam**
사뚜 스뚱아ㅎ 잠
1시간 30분이요.

• **Harga tiket kapal laut berapa?**
하르가 띠껫 까빨 라웃 버라빠
배 표 가격이 얼마인가요?

→ **Harganya Rp75.000 untuk pulang-pergi.**
하르가냐 뚜주ㅎ 뿔루ㅎ 리마 리부 운뚝 뿔랑 빠르기
가격은 왕복에 75,000 루피아입니다.

• **Dari Ubud bisa langsung ke Gili Trawangan?**
다리 우붓 비사 랑숭 끄 길리 뜨라왕안
우붓에서 길리 뜨라왕안으로 바로 갈 수 있나요?

→ **Ya, bisa dijemput di Coco Mart.**
야, 비사 디즘뿟 디 꼬꼬마릇
네, 코코마트에서 타시면 됩니다.

• **Bisakah saya pesan tiket lewat internet untuk ke Gili Trawangan?**
비사까ㅎ 사야 쁘산 띠껫 레왓 인떠르넷 운뚝 끄 길리 뜨라왕안
길리 뜨라왕안에 가는 표를 인터넷으로 예약(주문)해도 되나요?

→ **Lewat telepon juga bisa pesan.**
레왓 뗄레뽄 주가 비사 쁘산
네, 전화로도 가능합니다.

오늘 랜드마크 실전여행에서 사용한 단어를 확장해보세요.
* 단어 Tip: 접속사 I

•dan 그리고 단	•walaupun 그럼에도 불구하고 왈라우뿐
•atau 또는 아따우	•setelah ~후에 스뜰라ㅎ
•jadi 그래서 자디	•sebelum ~전에 스블룸
•tetapi 그러나 뜨따삐	•ketika ~할 때 끄띠까
•karena 왜냐하면 까르나	•jika ~라면 지까

랜드마크에서 대화한 내용을
떠올리며 빈칸을 채워보세요.

A ① Bagaimana _____ Gili Trawangan?

바가이마나 끄 길리 뜨라왕안

길리 뜨라왕안에 어떻게 가나요?

B ② Kalau mau ke sana, Anda harus naik
_____.

깔라우 마우 끄 사나, 안다 하루스 나익 까빨 라웃

거기에 가시려면, 배를 타셔야 합니다.

A ③ Di _____ bisa naik kapal laut?

디 마나 비사 나익 까빨 라웃

배는 어디에서 탈 수 있나요?

B ④ _____ Serangan atau Padang bai.

디 세랑안 아따우 빠당 바이

세랑안이나 빠당바이에서요.

A ⑤ Kapal laut itu jam berapa _____?

까빨 라웃 이뚜 잠 버라빠 브랑깟

그 배가 몇 시에 출발하나요?

B ⑥ Biasanya _____ atau siang.

비아사냐 빠기 아따우 씨앙

보통 아침이나 오전 10시~2시쯤 (출발합니다).

정답

① ke
② kapal laut
③ mana
④ Di
⑤ berangkat
⑥ pagi

Kalau mau, Anda harus
깔라우 마우, 안다 하루스

원하신다면, 당신은 ~해야 합니다.

KTP(Kartu Tanda Pengenal) 신분증
까떼뻬

ambil 가져가다, 취하다
암빌

kunci 열쇠
꾼찌

ingat 기억하다
잉앗

- **Kalau mau, Anda harus coba.**

  깔라우 마우, 안다 하루스 쪼바

  원하신다면, 당신은 한번 시도해봐야 합니다.

- **Kalau mau, Anda harus bawa KTP.**

  깔라우 마우, 안다 하루스 바와 까떼뻬

  원하신다면, 당신은 신분증을 가져와야 합니다.

- **Kalau mau, Anda harus ambil kunci.**

  깔라우 마우, 안다 하루스 암빌 꾼찌

  원하신다면, 당신은 열쇠를 가져가야 합니다.

- **Kalau mau, Anda harus pakai kartu kredit.**

  깔라우 마우, 안다 하루스 빠까이 까르뚜 끄레딧

  원하신다면, 당신은 신용카드를 사용해야 합니다.

- **Kalau mau, Anda harus ingat cara ini.**

  깔라우 마우, 안다 하루스 잉앗 짜라 이니

  원하신다면, 당신은 이 방법을 기억해야 합니다.

발리는 인도네시아 17,500여 개의 섬 중 하나로 제주도의 약 2.7배 크기이다. 꾸따를 중심으로 남부지역, 중부지역, 동부지역, 북부지역으로 나뉘며 8개의 군과 1개의 시로 이루어져 있다. 발리의 기후는 고온다습하며 평균 기온이 24도~31도로 거의 일정하다. 보통 우기는 10월~3월, 건기는 4월~9월로 나누어지며 스콜성 비도 자주 내린다. 발리섬 사람들은 힌두교를 믿으며 현지인들은 발리어를 사용하지만 인도네시아의 대표적인 관광지인만큼 외부인과는 인도네시아어나 영어도 함께 사용하고 있다.

랜드마크 인도네시아 여행

자카르타

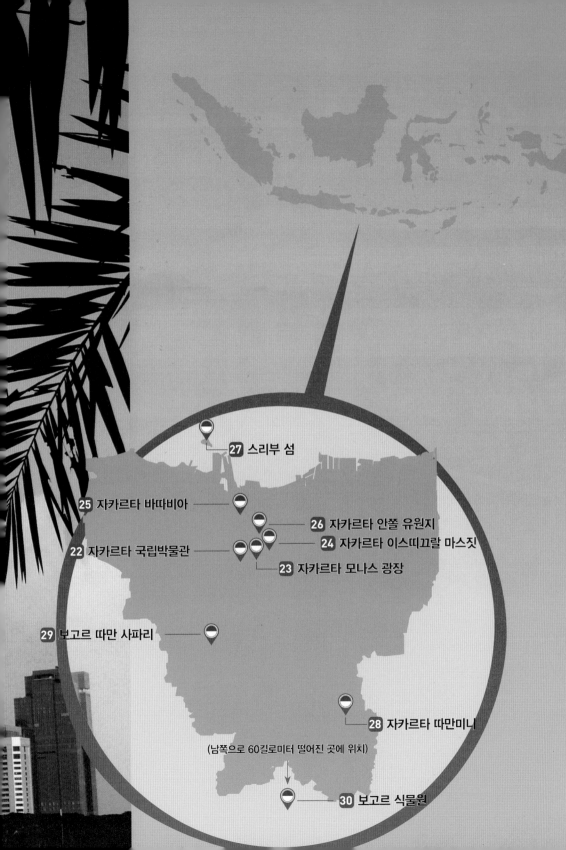

27 스리부 섬

25 자카르타 바따비아

26 자카르타 안쯜 유원지

24 자카르타 이스띠끄랄 마스짓

22 자카르타 국립박물관

23 자카르타 모나스 광장

29 보고르 따만 사파리

28 자카르타 따만미니

(남쪽으로 60킬로미터 떨어진 곳에 위치)

30 보고르 식물원

자카르타 국립박물관
(Museum Nasional)

오늘 배울 내용은 **교통수단을 이용할 때 쓰는 표현들**

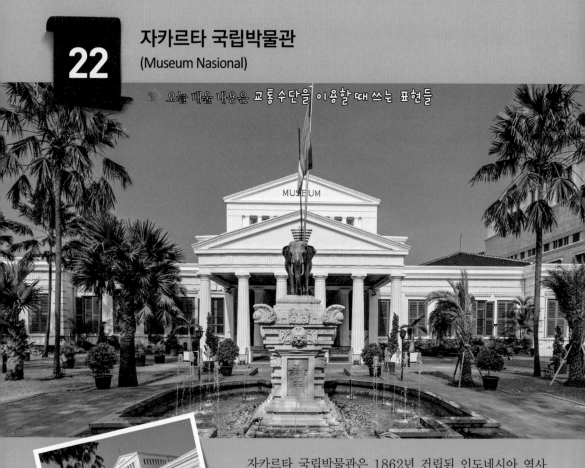

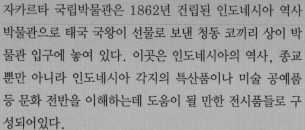

자카르타 국립박물관은 1862년 건립된 인도네시아 역사 박물관으로 태국 국왕이 선물로 보낸 청동 코끼리 상이 박물관 입구에 놓여 있다. 이곳은 인도네시아의 역사, 종교뿐만 아니라 인도네시아 각지의 특산품이나 미술 공예품 등 문화 전반을 이해하는데 도움이 될 만한 전시품들로 구성되어있다.

미리보기

이번 랜드마크에서는 어떤 대화를 하는지
먼저 살펴볼까요?

 원어민의 음성을
들어보세요.

📱 Indonesia_22.mp3

A Taksi! (Setelah naik) Selamat siang, Pak. Minta ke alamat ini ya.

딱시! (스뜰라ㅎ 나익) 슬라맛 씨앙, 빡. 민따 끄 알라맛 이니 야

택시! (승차 후에) 안녕하세요 기사님. 이 주소로 가 주세요.

B Ya. Tujuannya Mal Grand Indonesia?

야. 뚜주안냐 몰 그랜드 인도네시아

네. 목적지가 그랜드 인도네시아 몰인가요?

A Betul. (Sementara lagi) Minta berhenti di sini saja.

브뚤. (스믄따라 라기) 민따 버르흔띠 디 시니 사자

맞습니다. (잠시 후에) 여기에 내려주세요.

B Anda mau turun di sini? Masuknya ke mana?

안다 마우 뚜룬 디 시니 마숙냐 끄 마나

여기에서 내리시겠습니까? 어디로 들어가야 하나요?

A Ya. Masuk ke sana. Minta turunin di depan pintu itu.

야. 마숙 끄 사나. 민따 뚜룬인 디 드빤 삔뚜 이뚜

네. 저기로 들어가주세요. 저 문 앞에 내려주세요.

B Ya. Baik.

야. 바익

네. 좋습니다.

단어

alamat 주소
알라맛

tujuan 목표, 목적지
뚜주안

sementara lagi 잠시 후에
스믄따라 라기

berhenti 멈추다
버르흔띠

turunin 내려주다
뚜룬인

pintu 문
삔뚜

jembatan 다리
즘바딴

kiri 왼쪽
끼리

gedung 건물
그둥

여행지에서 활용할 수 있는 랜드마크 실전여행 문장을 소리 내어 따라 해 보세요.

• **Anda mau turun di mana?**

안다 마우 뚜룬 디 마나

어디에서 내리시겠습니까?

→ **Saya mau turun setelah jembatan.**

사야 마우 뚜룬 스뜰라ㅎ 즘바딴.

다리 지나서, 내리고 싶습니다.

• **Kiri, Kiri!**

끼리, 끼리

세워주세요

(*인도네시아는 주행방향이 우리나라와 반대로 차량에서 내리거나 탈 때, 왼쪽으로 내리고 타기 때문에 '왼쪽'을 외치면 내려달라는 말과 같다.)

→ **Ya, baik.**

야, 바익

네, 좋습니다.

• **Minta berhenti di depan gedung itu.**

민따 버르흔띠 디 드빤 그둥 이뚜

저 건물 앞에 멈춰주세요.

→ **Maksudnya gedung yang hijau itu?**

막순냐 그둥 양 히자우 이뚜

저 초록색 건물 말씀이신가요?

• **Sini, sini!**

시니, 시니

여기요, 여기!

→ **Mau turun di sini?**

마우 뚜룬 디 시니

여기에서 내리고 싶습니까?

오늘 랜드마크 실전여행에서 사용한 단어를 확장해보세요.
* 단어 Tip: 형용사의 반대말 I

salah 틀린 살라ㅎ	⟷	**betul** 옳은 브뚤
kotor 더러운 꼬또르	⟷	**bersih** 깨끗한 버르시ㅎ
lebar 넓은 레바르	⟷	**sempit** 좁은 슴삣
panjang 긴 빤장	⟷	**pendek** 짧은 뻰덱
cepat 빠른 쯔빳	⟷	**pelan** 느린 쁠란

일지쓰기

랜드마크에서 대화한 내용을
떠올리며 빈칸을 채워보세요.

A ① Taksi! (Setelah naik) Selamat siang,
Pak. Minta ke _____ ini ya.

딱시! (스뜰라ㅎ 나익) 슬라맛 씨앙. 빡. 민따 끄 알라맛 이니 야

택시! (승차 후에) 안녕하세요 기사님. 이 주소로 가 주세요.

B ② Ya. _____ Mal Grand
Indonesia?

야. 뚜주안냐 몰 그랜드 인도네시아

네. 목적지가 그랜드 인도네시아 몰인가요?

A ③ Betul. (Sementara lagi) Minta _____
di sini saja.

브뚤. (스믄따라 라기) 민따 비르흔띠 디 시니 사자

맞습니다. (잠시 후에) 여기에 내려주세요.

B ④ Anda mau turun di sini? _____
ke mana?

안다 마우 뚜룬 디 시니 마숙냐 끄 마나

여기에서 내리시겠습니까? 어디로 들어가야 하나요?

A ⑤ Ya. Masuk ke sana. Minta turunin
di _____ pintu itu.

야. 마숙 끄 사나. 민따 뚜룬인 디 드빤 삔뚜 이뚜

네. 저기로 들어가주세요. 저 문 앞에 내려주세요.

B ⑥ Ya. _____.

야. 바익

네. 좋습니다.

정답
① alamat
② Tujuannya
③ berhenti
④ Masuknya
⑤ depan
⑥ Baik

이 정도 한 마디는
랜드마크에서 꼭 해봐요.
패턴으로 완벽 암기하세요.

minta
민따
~해주세요.

· **menjelaskan** 설명하다
  은즐라스깐
· **memperbaiki** 고치다, 수정하다, 수리하다
  멈뻬르바이끼
· **kulkas** 냉장고
  꿀까스

· **air putih** 마시는 물
  아이르 뿌띠ㅎ
· **sabun cuci** 세탁비누
  사분 쭈찌

· **Minta** jelaskan caranya.
민따 즐라스깐 짜라냐

그 방법을 설명해주세요.

· **Minta** perbaiki kulkas ini.
민따 뻬르바이끼 꿀까스 이니

이 냉장고를 고쳐주세요.

· **Minta** segelas air putih.
민따 스글라스 아이르 뿌띠ㅎ

마실 물 한 잔 주세요.

· **Minta** sabun cuci.
민따 사분 쭈찌

세탁비누를 주세요.

· **Minta** ke sini.
민따 끄 시니

이쪽으로 와주세요.

23 자카르타 모나스 광장
(Monas)

오늘 배울 내용은 도움을 요청할 때 쓰는 표현들

인도네시아의 독립을 기념하기 위해 세웠다는 모나스는 총 132m의 기념탑으로 유명하다. 인도네시아 현지인들의 수학여행지로 손꼽힐 만큼 현지인들도 많이 찾는 곳이다. 이곳에서는 엘리베이터를 이용해 기념탑 위에 올라가 자카르타 시내를 한눈에 볼 수 있으며 모나스 기념탑 지하에는 인도네시아의 역사적인 독립투쟁들이 재현되어 있는 국립역사박물관이 있어 인도네시아의 역사를 짧게 살펴볼 수도 있다.

이번 랜드마크에서는 어떤 대화를 하는지
먼저 살펴볼까요?

 원어민의 음성을
들어보세요.

Indonesia_23.mp3

A **Dompet saya dicuri. Tolong!**

돔뺏 사야 디쭈리. 똘롱

제 지갑을 도난당했습니다. 도와주세요!

B **Di mana? Siapa nama Anda? Anda punya paspor?**

디 마나 시아빠 나마 안다 안다 뿌냐 빠스뽀르

어디서요? 성함이 어떻게 되시죠? 여권이 있으신가요?

A **Di dalam bis. Nama saya Sri Wijaya. Tapi saya ketinggalan paspornya di hotel.**

디 달람 비스. 나마 사야 스리 위자야. 따삐 사야 끄띵갈란 빠스뽀르냐 디 호뗄

버스 안에서요. 제 이름은 스리 위자야입니다. 하지만 호텔에 여권을 두고 왔어요.

B **Nomor bisnya berapa? Anda naik dari mana sampai mana?**

노모르 비스냐 버라빠 안다 나익 다리 마나 삼빠이 마나

버스 번호가 몇 번이죠? 어디서부터 어디까지 타셨나요?

A **Nomornya 12. Dari Monas sampai stasiun Gambir. Apa yang harus dilakukan?**

노모르냐 두아블라스. 다리 모나스 삼빠이 스따시운 감비르. 아빠 양 하루스 딜라꾸깐

12번이요. 모나스에서 감비르 역까지 (탔습니다.) 어떻게 해야 하죠?

B **Sebaiknya Anda laporkan polisi dulu.**

스바익냐 안다 라뽀르깐 뽈리씨 둘루

경찰에 먼저 신고하시는 것이 좋겠습니다.

단어

- **dompet** 지갑
  돔뺏
- **dicuri** 도난당하다
  디쭈리
- **punya** 가지다
  뿌냐
- **paspor** 여권
  빠스뽀르
- **dalam** ~안에
  달람
- **bis** 버스
  비스
- **ketinggalan** 두고 오다,
  끄띵갈린 빠뜨리고 오다
- **nomor** 번호
  노모르
- **stasiun** 기차역
  스따씨운

132

실전여행

여행지에서 활용할 수 있는
랜드마크 실전여행 문장을
소리 내어 따라 해 보세요.

• Saya kehilangan HP saya.
  사야 끄힐랑안 하뻬 사야
  저는 제 핸드폰을 잃어버렸습니다.

  → Di toko mana? Itu di lantai berapa?
    디 또꼬 마나? 이뚜 디 란따이 버라빠
    어느 가게에서요? 몇 층에 있는 가게죠?

• Saya ketinggalan dompet saya di toilet tapi
  waktu saya kembali, tidak ada di situ.
  사야 끄띵갈란 돔뻿 사야 디 또일렛 따삐 왁뚜 사야 끔발리, 띠닥 아다 디 시뚜
  제가 화장실에 지갑을 (모르고) 두고 나왔는데 다시 가보니 거기 없었어요.

  → Kalau begitu, mungkin seseorang ambil itu.
    깔라우 버기뚜, 뭉낀 스스오랑 암빌 이뚜
    그렇다면, 아마도 누군가 그것을 가져간 것 같네요.

• Sepertinya dompet saya dicuri di dalam
  kereta api.
  스뻬르띠냐 돔뻿 사야 디쭈리 디 달람 끄레따 아삐
  기차 안에서 제 지갑을 도난당한 것 같아요.

  → Anda harus lebih berhati-hati waktu naik kereta api.
    안다 하루스 르비ㅎ 브르하띠-하띠 왁뚜 나익 끄레따 아삐
    당신은 기차를 탈 때, 더 조심해야만 합니다.

• Di pasar, ada banyak pencuri?
  디 빠사르, 아다 바냑 쁜쭈리
  시장에 좀도둑이 많은가요?

  → Ya, biasanya pasar lebih bahaya daripada mal.
    야, 비아사냐 빠사르 르비ㅎ 바하야 다리빠다 몰
    네, 대개 시장이 몰보다 더 위험합니다.

쉬어가기

오늘 랜드마크 실전여행에서
사용한 단어를 확장해보세요.
* 단어 Tip: 요일

• Senin 월요일
  스닌
• Selasa 화요일
  슬라사
• Rabu 수요일
  라부
• Kamis 목요일
  까미스

• Jumat 금요일
  주맛
• Sabtu 토요일
  삽뚜
• Minggu 일요일
  밍구

*요일 앞에는 hari[하리]를 항상 붙여서 사용하며 요일 이름의 첫번째 철자는 항상 대문자로 표기한다.

133

일지쓰기

➡️ 랜드마크에서 대화한 내용을
떠올리며 빈칸을 채워보세요.

A ① Dompet saya dicuri. _____!

돔뻿 사야 디쭈리, 똘롱

제 지갑을 도난당했습니다. 도와주세요!

B ② Di mana? _____ nama Anda? Anda punya paspor?

디 마나 시아빠 나마 안다 안다 뿌냐 빠스뽀르

어디서요? 성함이 어떻게 되시죠? 여권이 있으신가요?

A ③ Di dalam bis. Nama saya Sri Wijaya. Tapi saya _____ paspornya di hotel.

디 달람 비스. 나마 사야 스리 위자야. 따삐 사야 끄띵갈란 빠스뽀르냐 디 호뗄

버스 안에서요. 제 이름은 스리 위자야입니다. 하지만 호텔에 여권을 두고 왔어요.

B ④ Nomor bisnya berapa? Anda naik dari mana _____ mana?

노모르 비스냐 버라빠 안다 나익 다리 마나 삼빠이 마나

버스 번호가 몇 번이죠? 어디서부터 어디까지 타셨나요?

A ⑤ Nomornya 12. Dari Monas sampai stasiun Gambir. Apa yang harus _____?

노모르냐 두아블라스. 다리 모나스 삼빠이 스따시운 감비르. 아빠 양 하루스 딜라꾸깐

12번이요. 모나스에서 감비르 역까지 (탔습니다.) 어떻게 해야 하죠?

B ⑥ Sebaiknya Anda _____ polisi dulu.

스바익냐 안다 라뽀르깐 뽈리씨 둘루

경찰에 먼저 신고하시는 것이 좋겠습니다.

정답
① Tolong
② Siapa
③ ketinggalan
④ sampai
⑤ dilakukan
⑥ laporkan

134

이 정도 한 마디는
랜드마크에서 꼭 해봐요.
패턴으로 완벽 암기하세요.

Sebaiknya
스바익냐

～하는 게 더 좋겠습니다.

---

ketika ～할 때
끄띠까

berolahraga 운동하다
버르올라ㅎ라가

belajar 공부하다
블라자르

rajin 부지런한, 성실한
라진

menghemat ～을 절약하다, ～을 아끼다
멍헤맛

• **Sebaiknya** istirahat ketika sakit.
스바익냐 이스띠라핫 끄띠까 사낏

아플 때는 쉬는 게 더 좋습니다.

• **Sebaiknya** berolahraga setiap hari.
스바익냐 버르올라ㅎ라가 스띠압 하리

매일 운동하는 것이 더 좋습니다.

• **Sebaiknya** Anda belajar dengan rajin.
스바익냐 안다 블라자르 등안 라진

당신은 열심히 공부하는 것이 더 좋겠습니다.

• **Sebaiknya** kita menghemat listrik.
스바익냐 끼따 멍헤맛 리스뜨릭

우리는 전기를 아끼는 것이 더 좋겠습니다.

• **Sebaiknya** kami pergi ke situ.
스바익냐 까미 뻐르기 끄 시뚜

우리가 거기로 가는 것이 더 좋겠습니다.

24 자카르타 이스띠끄랄 마스짓
(Masjid Istiqlal)

오늘 배울 내용은 사원에서 질문할 때 쓰는 표현들

이스띠끄랄 사원은 동남아시아에서 가장 크고 세계에서는 3번째로 큰, 최대 20만 명을 수용할 수 있는 어마어마한 크기의 이슬람 사원이다. 모나스와 마찬가지로 인도네시아의 독립을 기념하여 인도네시아 초대 대통령이 세운 것으로 인도네시아의 독립 연도인 1945년을 상징하기 위해 지름 45m의 돔 천장이 있으며 그 외에도 여러 이슬람 종교의 의미를 갖는 숫자들을 상징화하여 건축하였다.

미리보기 이번 랜드마크에서는 어떤 대화를 하는지
먼저 살펴볼까요?

 원어민의 음성을
들어보세요.

▶ Indonesia_24.mp3

> **A** Apa suara ini?

아빠 수아라 이니

이것은 무슨 소리인가요?

> **B** Itu azan. Suara azan dari masjid menyerukan agar sholat.

이뚜 아잔. 수아라 아잔 다리 마스짓 머누루깐 아가르 솔랏

그것은 아잔입니다. 이슬람사원에서 나오는 아잔 소리는 기도를 하라고 알리는 소리입니다.

*'기도, 기도하다'라는 뜻의 sholat은 [salat] 또는 [solat] 이라고도 표기하며 같은 의미이다.

> **A** Oh, gitu. Sekarang waktunya sholat?

오ㅎ 기뚜. 스까랑 왁뚜냐 솔랏

아, 그렇군요. 지금이 기도하는 시간인가요?

> **B** Ya, betul. Muslim salat sebanyak lima kali sehari.

야, 브뚤. 무슬림 쌀랏 스바냑 리마 깔리 스하리

네, 맞습니다. 무슬림은 하루에 5번 기도합니다.

> **A** Saya boleh mengikuti sholat?

사야 볼레ㅎ 멍이꾸띠 솔랏

제가 기도를 함께 해도 되겠습니까?

> **B** Ya, tentu saja boleh.

야, 뜬뚜 사자 볼레ㅎ

네, 물론 가능합니다.

단어

- suara 소리
  수아라

- masjid 이슬람 사원
  마스짓

- menyerukan 선언하다,
  머뉴루깐   큰소리로 알리다,
          부탁하다,
          당부하다

- agar ~하기 위해서
  아가르

- Muslim 이슬람 종교를 믿고
  무슬림   따르는 사람

- sebanyak ~와 같은 만큼의,
  스바냑   총액

- kali ~번, 횟수
  깔리

- sehari 하루
  스하리

- mengikut 따라서 행동하다,
  멍이꿋   같이 하다, 따르다

여행지에서 활용할 수 있는
랜드마크 실전여행 문장을
소리 내어 따라 해 보세요.

- **Saya boleh masuk?**
  사야 볼레ㅎ 마숙
  제가 들어가도 될까요?

  →Tidak, tidak boleh.
  띠닥, 띠닥 볼레ㅎ
  안 됩니다. 들어오실 수 없습니다.

- **Apa ada lift?**
  아빠 아다 리프
  엘리베이터가 있나요?

  →Nggak, tidak ada. (구어체)
  응각, 띠닥 아다
  아니요, 없습니다.

- **Jam berapa Anda sholat?**
  잠 버라빠 안다 솔랏
  몇 시에 당신은 기도하나요?

  →Waktu sholat dari hari ke hari, dan antara tempat
  satu dan lainnya berbeda-beda.
  왁뚜 솔랏 다리 하리 끄 하리, 단 안따라 뜸빳 사뚜 단 라인냐 버르베다-베다
  기도 시간은 매일 매일, 그리고 위치에 따라서 다릅니다.

쉬어가기

오늘 랜드마크 실전여행에서
사용한 단어를 확장해보세요.
* 단어 Tip: 월

Januari 1월 자누아리	Mei 5월 메이	September 9월 쎕뗌브르
Februari 2월 페브루아리	Juni 6월 주니	Oktober 10월 옥또브르
Maret 3월 마룻	Juli 7월 줄리	November 11월 노쁨브르
April 4월 아쁘릴	Agustus 8월 아구스뚜스	Desember 12월 데쎔브르

*월 앞에는 보통 bulan[불란]을 붙여서 사용하며 월의 첫 번째 철자는 항상 대문자로 표기한다.

일지쓰기

랜드마크에서 대화한 내용을
떠올리며 빈칸을 채워보세요.

A ① Apa _____ ini?

아빠 수아라 이니

이것은 무슨 소리인가요?

B ② Itu azan. Suara azan dari masjid menyerukan agar _____.

이뚜 아잔. 수아라 아잔 다리 마스짓 머뉴루깐 아가르 솔랏

그 것은 아잔입니다. 이슬람사원에서 나오는 아잔 소리는 기도를 하라고 알리는 소리입니다.

*'기도, 기도하다'라는 뜻의 sholat은 [salat] 또는 [solat] 이라고도 표기하며 같은 의미이다.

A ③ Oh, gitu. Sekarang _____ sholat?

오ㅎ 기뚜. 스까랑 왁뚜냐 솔랏

아, 그렇군요. 지금이 기도하는 시간인가요?

B ④ Ya, betul. Muslim salat sebanyak lima _____ sehari.

야, 브뚤. 무슬림 쌀랏 스바냑 리마 깔리 스하리

네, 맞습니다. 무슬림은 하루에 5번 기도합니다.

A ⑤ Saya boleh _____ sholat?

사야 볼레ㅎ 멍이꾸띠 솔랏

제가 기도를 함께 해도 되겠습니까?

B ⑥ Ya, tentu _____ boleh.

야, 뜬뚜 사자 볼레ㅎ

네, 물론 가능합니다.

정답

① suara
② sholat
③ waktunya
④ kali
⑤ mengikut
⑥ saja

이 정도 한 마디는
랜드마크에서 꼭 해봐요.
패턴으로 완벽 암기하세요.

kali (dalam) se
깔리 (달람) 스
~에 ~번

---

sekali 한 번
스깔리

seminggu 일주일, 매주
스밍구

sebulan 한 달, 매월
스불란

setahun 1년, 매년
스따훈

sepuluh 십, 열(10)
스뿔루ㅎ

- **sekali (dalam) seminggu**
  스깔리 (달람) 스밍구
  일주일에 한 번

- **dua kali (dalam) sebulan**
  두아 깔리 (달람) 스불란
  한 달에 두 번

- **tiga kali (dalam) setahun**
  띠가 깔리 (달람) 스따훈
  1년에 세 번

- **sekali (dalam) dua minggu**
  스깔리 (달람) 두아 밍구
  2주에 한 번

- **sepuluh kali (dalam) dua tahun**
  스뿔루ㅎ 깔리 (달람) 두아 따훈
  2년에 열 번

25

자카르타 바따비아
(Batavia Jakarta Pelabuhan Kota Tua)

오늘 배울 내용은 **렌트 할 때 쓰는 표현들 2**

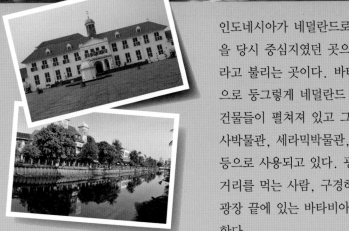

인도네시아가 네덜란드로부터 350여 년 동안 통치를 받을 당시 중심지였던 곳으로 현재는 구시가지(kota tua)라고 불리는 곳이다. 바타비아에는 페타힐라광장을 중심으로 둥그렇게 네덜란드 식민지 시절 지어진 네덜란드식 건물들이 펼쳐져 있고 그 건물들은 현재 화폐박물관, 역사박물관, 세라믹박물관, 인도네시아 전통 인형극 박물관 등으로 사용되고 있다. 광장에는 자전거 타는 사람, 간식거리를 먹는 사람, 구경하는 사람들로 항상 많이 붐빈다. 광장 끝에 있는 바타비아 카페에 한 번 가보실 것을 추천한다.

이번 랜드마크에서는 어떤 대화를 하는지
먼저 살펴볼까요?

 원어민의 음성을
들어보세요.

🎵 Indonesia_25.mp3

A Saya ingin sewa mobil.

사야 잉인 세와 모빌

저는 자동차를 렌트하고 싶습니다.

B Untuk berapa hari?

운뚝 버라빠 하리

며칠 동안이요?

A Untuk 3 hari.

운뚝 띠가 하리

3일이요.

B Untuk tanggal berapa?

운뚝 땅갈 버라빠

며칠에 빌리실 건가요?

A Dari tanggal 12 sampai tanggal 14 bulan Maret.

다리 땅갈 두아블라스 삼빠이 땅갈 음빳블라스 불란 마룻

3월 12일부터 14일까지요.

B Baik. Maunya pakai sopir?

바익. 마우냐 빠까이 쏘삐르

좋습니다. 운전기사도 이용하시기를 원하시나요?

단어

• ingin 원하다
잉인

• sewa 렌트하다
세와

• hari 날, 일(日)
하리

• tanggal 날짜
땅갈

• pakai 이용하다, 넣다
빠까이

• sopir 운전 기사
쏘삐르

• termasuk 포함하다
떠르마숙

• biaya 비용
비아야

• karcis masuk 입장권
까르찌스 마숙

• rusak 고장나다, 망가지다
루삭

142

여행지에서 활용할 수 있는
랜드마크 실전여행 문장을
소리 내어 따라 해 보세요.

- **Apa harga ini sudah termasuk bensin sama biaya karcis masuk?**

  아빠 하르가 이니 수다ㅎ 떠르마숙 벤신 사마 비아야 까르찌스 마숙

  이 가격은 기름값과 입장료 포함된 것인가요?

  → **Belum, belum termasuk.**

  블룸, 블룸 떠르마숙

  아니요, 아직 포함되지 않은 것입니다.

- **Kalau ada kecelakaan atau rusak, saya harus bagaimana?**

  깔라우 아다 끄쯸라까안 아따우 루삭, 사야 하루스 바가이마나

  만약 사고가 나거나 고장이 나면 어떻게 하나요?

  → **Minta telepon dulu kepada saya.**

  민따 뗄레뽄 둘루 끄빠다 사야

  저에게 먼저 전화해주세요.

- **Ada asuransi juga?**

  아다 아수란씨 주가

  보험도 있나요?

  → **Ya, ada. Adanya 3 jenis.**

  야, 아다. 아다냐 띠가 즈니스

  네, 있습니다. 3가지 종류가 있어요.

- **Mau mobilnya untuk berapa orang?**

  마우 모빌냐 운뚝 버라빠 오랑

  몇 사람이 탈 자동차를 원하시나요?

  → **Untuk 5 orang. 3 dewasa dan 2 anak.**

  운뚝 리마 오랑. 띠가 데와사 단 두아 아낙

  5명이요. 어른 3명과 아이 2명입니다.

쉬어가기

오늘 랜드마크 실전여행에서
사용한 단어를 확장해보세요.
* 단어 Tip: 자연

langit 하늘	rumput 풀
랑잇	룸뿟
awan 구름	bunga 꽃
아완	붕아
laut 바다	tanah 땅
라웃	따나ㅎ
sungai 강	pasir 모래
숭아이	빠시르
gunung 산	bumi 지구
구눙	부미

랜드마크에서 대화한 내용을
떠올리며 빈칸을 채워보세요.

A ① Saya ingin sewa _____.

사야 잉인 세와 모빌

저는 자동차를 렌트하고 싶습니다.

B ② _____ berapa hari?

운뚝 버라빠 하리

며칠 동안이요?

A ③ Untuk 3 _____.

운뚝 띠가 하리

3일이요.

B ④ Untuk _____ berapa?

운뚝 땅갈 버라빠

며칠에 빌리실 껀가요?

A ⑤ Dari tanggal 12 sampai tanggal 14 _____ Maret.

다리 땅갈 두아블라스 삼빠이 땅갈 음뺏블라스 불란 마룻

3월 12일부터 14일까지요.

B ⑥ Baik. Maunya pakai _____?

바익. 마우냐 빠까이 쏘삐르

좋습니다. 운전기사도 이용하시기를 원하시나요?

정답
① mobil
② Untuk
③ hari
④ tanggal
⑤ bulan
⑥ sopir

이 정도 한 마디는
랜드마크에서 꼭 해봐요.
패턴으로 완벽 암기하세요.

Saya ingin
사야 잉인

저는 ~을 원합니다.

- kue 케익, 떡
  꾸에
- kurus 마른, 가느다란
  꾸루스
- menjadi ~가되다
  먼자디
- guru 선생님
  구루
- lulus 통과하다, 합격하다
  울루스

- **Saya ingin kue.**
  사야 잉인 꾸에
  저는 케익을 원합니다.

- **Saya ingin kurus.**
  사야 잉인 꾸루스
  저는 말랐으면 좋겠습니다.

- **Saya ingin menjadi guru bahasa Indonesia.**
  사야 잉인 먼자디 구루 바하사 인도네시아
  저는 인도네시아어 선생님이 되기를 바랍니다.

- **Saya ingin lulus ujian tahun ini.**
  사야 잉인 룰루스 우지안 따훈 이니
  저는 올해 시험에 통과하기를 바랍니다.

- **Saya ingin pintar ilmu budaya.**
  사야 잉인 뻰따르 일무 부다야
  저는 인문과학에 대해 잘 알기를 바랍니다.

26

자카르타 안쫄 유원지
(Ancol)

▶ 오늘 배울 내용은 **식당에서 쓰는 표현들**

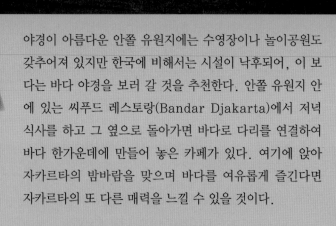

야경이 아름다운 안쫄 유원지에는 수영장이나 놀이공원도 갖추어져 있지만 한국에 비해서는 시설이 낙후되어, 이 보다는 바다 야경을 보러 갈 것을 추천한다. 안쫄 유원지 안에 있는 씨푸드 레스토랑(Bandar Djakarta)에서 저녁 식사를 하고 그 옆으로 돌아가면 바다로 다리를 연결하여 바다 한가운데에 만들어 놓은 카페가 있다. 여기에 앉아 자카르타의 밤바람을 맞으며 바다를 여유롭게 즐긴다면 자카르타의 또 다른 매력을 느낄 수 있을 것이다.

원어민의 음성을
들어보세요.

Indonesia_26.mp3

A Sekarang semua tempat duduknya
sudah penuh.

스까랑 스무아 뜸빳 두둑냐 수다ㅎ 쁘누ㅎ

현재 모든 자리가 찼습니다.

B Kalau begitu, berapa lama saya harus
menunggu?

깔라우 버기뚜, 버라빠 라마 사야 하루스 머눙구

그러면, 얼마나 오랫동안 기다려야 하나요?

A Sekitar 30 menit. Silakan daftar antrian dulu.

스끼따르 띠가뿔루ㅎ 므닛. 실라깐 다프따르 안뜨리안 둘루

대략 30분 정도요. 우선 대기자 명단에 작성해주세요.

B Oh, ya. Di sini?

오ㅎ 야. 디 시니

아 네. 여기요?

-------------------- (Sementara lagi) --------------------

스믄따라 라기

잠시 후에

단어

tempat duduk 좌석, 자리
뜸빳 두둑

menunggu 기다리다
머눙구

menit (시간의 단위)분
므닛

antrian 줄, 열, 행렬
안뜨리안

disiapkan 준비되다
디시압깐

arah 방향
아라ㅎ

menu 메뉴
므누

mas (피가 섞이지 않은) 오빠,
마스 식당이나 마트 등에서 일하
는 젊은 남자를 부르는 말

bon 계산서
본

buat ~을 위하여, 만들다
부앗

A Tempat duduknya sudah disiapkan.
Arahnya ke sini.

뜸빳 두둑냐 수다ㅎ 디시압깐. 아라ㅎ냐 끄 시니

자리가 준비되었습니다. 방향은 이쪽입니다.

B Terima kasih. Minta menu.

뜨리마 까시ㅎ. 민따 므누

감사합니다. 메뉴판 주세요.

여행지에서 활용할 수 있는 랜드마크 실전여행 문장을 소리 내어 따라 해 보세요.

- **Mas, apakah bisa pesan?**
  마스, 아빠까ㅎ 비사 쁘산
  저기요, 주문할 수 있나요?

  → **Ya, silakan.**
  야, 실라깐
  네, 그러세요.

- **Minta bon.**
  민따 본
  계산서 주세요.

  → **Ya. Ini bonnya.**
  야, 이니 본냐
  네, 이것이 계산서입니다.

- **Apa antriannya panjang?**
  아빠 안뜨리안냐 빤장
  줄이 긴가요?

  → **Ya. Banyak orang sedang menunggu.**
  야, 바냑 오랑 스당 머눙구
  네, 많은 분들이 기다리고 계십니다.

- **Saya mau tanya, di sini ada paket buat keluarga?**
  사야 마우 따냐, 디 시니 아다 빠껫 부앗 끌루아르가
  여쭤보고 싶은 게 있는데요, 여기에 가족들을 위한 세트메뉴가 있나요?

  → **Ya, kami punya paket untuk 6 atau 7 orang.**
  야, 까미 뿌냐 빠껫 운뚝 으남 아따우 뚜주ㅎ 오랑
  네, 저희는 여섯분이나 일곱 분이 드실 수 있는 세트메뉴가 있습니다.

쉬어가기

오늘 랜드마크 실전여행에서 사용한 단어를 확장해보세요.
* 단어 Tip: 요리법

· rebus 삶다 르부스	· kupas (껍질을) 벗기다 꾸빠스
· kukus 찌다 꾸꾸스	· bakar (불에) 굽다 바까르
· panggang (후라이팬에) 굽다 빵강	· goreng 튀기다 고렝
· campur 섞다 짬뿌르	· tumbuk 찧다, 빻다 뚬북

랜드마크에서 대화한 내용을
떠올리며 빈칸을 채워보세요.

A ① _____ semua tempat duduknya
sudah penuh.

스까랑 스무아 뜸빳 두둑냐 수다ㅎ 쁘누ㅎ

현재 모든 자리가 찼습니다.

B ② Kalau begitu, _____ saya
harus menunggu?

깔라우 버기뚜, 버라빠 라마 사야 하루스 머눙구

그러면, 얼마나 오랫동안 기다려야 하나요?

A ③ Sekitar 30 menit. Silakan daftar
_____ dulu.

스끼따르 띠가뿔루ㅎ 므닛. 실라깐 다프따르 안뜨리안 둘루

대략 30분 정도요. 우선 대기자 명단에 작성해주세요.

B ④ Oh, ya. ____ sini?

오ㅎ 야. 디 시니

아 네. 여기요?

(Sementara lagi)

스믄따라 라기

잠시 후에

A ⑤ Tempat duduknya sudah _____.
Arahnya ke sini.

뜸빳 두둑냐 수다ㅎ 디시압깐. 아라ㅎ냐 끄 시니

자리가 준비되었습니다. 방향은 이쪽입니다.

B ⑥ Terima kasih. _____ menu.

뜨리마 까시ㅎ. 민따 메누

감사합니다. 메뉴판 주세요.

➡️ 이 정도 한 마디는
랜드마크에서 꼭 해봐요.
패턴으로 완벽 암기하세요.

sekitar
스끼따르

약/대략, 주변/주위에

---

mari ～하자, 자 ～합시다 !
마리

bertemu 만나다
버르뜨무

hadir 참석하다, 출석하다
하디르

acara 행사, 일정, 사건
아짜라

harimau 호랑이
하리마우

• **Mari kita bertemu sekitar jam 1.**
마리 끼따 버르뜨무 스끼따르 잠 사뚜

우리 대략 1시에 만나요.

• **Sekitar 1,000 orang hadir dalam acara.**
스끼따르 스리부 오랑 하디르 달람 아짜라

약 1,000명이 행사에 참석했다.

• **Itu sekitar 3km dari pasar Minggu.**
이뚜 스끼따르 띠가 낄로 메떠르 다리 빠사르 밍구

그곳은 밍구 시장에서 약 3km 떨어져있다.

• **Harganya sekitar Rp.300.**
하르가냐 스끼따르 띠가 라뚜스 루삐아ㅎ

그것은 가격이 약 300루피아이다.

• **Di sekitar desa itu ada banyak harimau.**
디 스끼따르 데사 이뚜 아다 바냑 하리마우

그 마을 주변에는 호랑이가 많다.

150

27 뿔라우 스리부
(Pulau Seribu)

▶ 오늘 배울 내용은 장소 묻기

천 개의 섬이라는 뜻의 뿔라우 스리부(pulau seribu)는 자카르타 북쪽의 안쪽 유원지 안에 있는 선착장에서 배를 타고 30-40분 정도 가면 여러 개의 섬이 있는데 이들을 총칭해서 부르는 말이다. 이 섬들 중 뿔라우 뿌뜨리, 뿔라우 세빠 등 몇 개의 섬들을 관광지로 개발하여 선셋 크루즈, 잠수함, 스노클링, 바나나 보트 등 다양한 해양스포츠와 액티비티를 즐길 수 있도록 만들어 놓았다. 파도의 높이와 상태에 따라 운행을 안 하는 날도 있으니 미리 자카르타에 있는 여행사에서 예약하고 가는 것이 좋다.

원어민의 음성을
들어보세요.

🎵 Indonesia_27.mp3

> **A** **Permisi. Di dekat sini ada apotek?**

뻐르미시. 디 드깟 시니 아다 아뽀떽

실례합니다. 이 근처에 약국이 있나요?

> **B** **Setahu saya, apotek tidak ada di pulau ini.**

스따우 사야, 아뽀떽 띠닥 아다 디 뿔라우 이니

제가 알기로는, 이 섬에는 약국이 없습니다.

> **A** **Oh, begitu. Kalau restoran ada di mana?**

오ㅎ 버기뚜. 깔라우 레스또란 아다 디 마나

아, 그렇군요. 그러면 식당은 어디에 있나요?

> **B** **Restoran ada di hotel saja. Di luar, tidak ada restoran.**

레스또란 아다 디 호뗄 사자. 디 루아르, 띠닥 아나 레스또란

식당은 호텔에만 있습니다. 밖에는 식당이 없어요.

> **A** **Baik. Kalau begitu, ada supermarket di sekitar sini?**

바익. 깔라우 버기뚜, 아다 수빠르말껫 디 스끼따르 시니

알겠습니다. 그렇다면, 이 근처에 슈퍼마켓은 있나요?

> **B** **Supermarket juga tidak ada.**

수빠르말껫 주가 띠닥 아다

슈퍼마켓도 없습니다.

단어

· dekat 가까운
  드깟

· apotek 약국
  아뽀떽

· pulau 섬
  뿔라우

· luar 밖
  루아르

· sekitar 주변
  스끼따르

· cari 찾다
  짜리

· tempat wisata 관광지
  뜸빳 위사따

· candi 사원
  찐디

· kasih tahu 알려주다
  까시ㅎ 따우

· terbaru 가장 최신의,
  떠르바루   가장 새로운

152

실전여행

여행지에서 활용할 수 있는
랜드마크 실전여행 문장을
소리 내어 따라 해 보세요.

- **Permisi, saya sedang mencari tempat wisata terdekat.**
  뻐르미시, 사야 스당 믄짜리 뜸빳 위사따 떠르드깟
  실례합니다. 저는 지금 가장 가까운 관광지를 찾고 있습니다.

  → **Candi Borobudur adalah tempat wisata yang paling dekat dari sini.**
  짠디 보로부두르 아달라ㅎ 뜸빳 위사따 양 빨링 드깟 다리 시니
  보로부두르 사원이 여기에서 가장 가까운 관광지입니다.

- **Permisi, saya mau ke Gedung Merdeka, tapi saya tidak tahu dimana tempatnya.**
  뻐르미시, 사야 마우 끄 그둥 머르데까, 따삐 사야 띠닥 따우 디마나 뜸빳냐
  실례합니다. 제가 자유의 집(그둥 머르데까)에 가고 싶은데 어딘지 모르겠어요.

  → **Oh, mungkin saya bisa bantu.**
  오ㅎ, 뭉낀 사야 비사 반뚜
  오. 제가 도와드릴 수 있을 것 같습니다.

- **Permisi. Di dekat sini ada rumah sakit?**
  뻐르미시. 디 드깟 시니 아다 루마ㅎ 사낏
  실례합니다. 이 근처에 병원이 있나요?

  → **Setahu saya, rumah sakit jauh dari sini.**
  스따우 사야, 루마ㅎ 사낏 자우ㅎ 다리 시니
  제가 알기로는, 병원은 여기에서 멀리 있습니다.

쉬어가기

오늘 랜드마크 실전여행에서
사용한 단어를 확장해보세요.
* 단어 Tip: 장소

- kantor pos 우체국
  깐또르 뽀스
- kantor polisi 경찰서
  깐또르 뽈리씨
- salon 미용실
  쌀론
- mal 백화점
  몰
- rumah sakit 병원
  루마ㅎ 사낏

- sekolah 학교
  스꼴라ㅎ
- kebun binatang 동물원
  끄분 비나땅
- bandara 공항
  반다라
- taman 공원
  따만

153

일지쓰기

➡ 랜드마크에서 대화한 내용을
떠올리며 빈칸을 채워보세요.

A ① _____. Di dekat sini ada apotek?

빠르미시. 디 드깟 시니 아다 아뽀떽

실례합니다. 이 근처에 약국이 있나요?

B ② Setahu saya, _____ tidak ada di
pulau ini.

스따우 사야, 아뽀떽 띠닥 아다 디 뿔라우 이니

제가 알기로는, 이 섬에는 약국이 없습니다.

A ③ Oh, begitu. Kalau _____ ada di
mana?

오ㅎ 버기뚜. 깔라우 레스또란 아다 디 마나

아, 그렇군요. 그러면 식당은 어디에 있나요?

B ④ Restoran ada di hotel saja. Di _____
, tidak ada restoran.

레스또란 아다 디 호뗄 사자. 디 루아르, 띠닥 아나 레스또란

식당은 호텔에만 있습니다. 밖에는 식당이 없어요.

A ⑤ Baik. Kalau begitu, ada
supermarket di _____ sini?

바익. 깔라우 버기뚜, 아다 수뻐르말껫 디 스끼따르 시니

알겠습니다. 그렇다면, 이 근처에 슈퍼마켓은 있나요?

B ⑥ Supermarket juga tidak _____.

수뻐르말껫 주가 띠닥 아다

슈퍼마켓도 없습니다.

정답
1 Permisi
2 apotek
3 restoran
4 luar
5 sekitar
6 ada

tidak ada
띠닥 아다

~가 없다.

- lagi 더, 또
  라기
- bukti 증거
  북띠
- hasil 수확, 결과, 소득
  하실

- pertanyaan 질문
  뻐르따니얀

- **Tidak ada lagi.**
  띠닥 아다 라기
  더이상 없다.

- **Tidak ada bukti.**
  띠닥 아다 북띠
  증거가 없다.

- **Tidak ada hasilnya.**
  띠닥 아다 하실냐
  소득이 없다.

- **Tidak ada anak.**
  띠닥 아다 아낙
  자녀가/아이가 없다.

- **Tidak ada pertanyaan.**
  띠닥 아다 뻐르따니얀
  질문이 없다.

28 자카르타 따만미니
(Taman Mini Indonesia Indah)

➡️ 오늘 배울 내용은 목적지를 찾아갈 때 쓰는 표현들

자카르타에 있는 따만미니는 인도네시아의 민속촌이다. 이름에 '미니'가 들어간다고 해서 규모가 작을 것이라고 얕보아서는 큰코다친다. 규모가 굉장히 커서 걸어서는 하루 안에 모두 볼 수 없다. 그래서 따만 미니 안에서 운행하는 열차나 곤돌라 등을 이용하여야 한다. 인도네시아 27개 주의 여러 민족의 다양한 집들을 실물 크기로 전시하고 있으며 각 지방의 문화, 의상 등 인도네시아의 문화를 한눈에 볼 수 있다. 공원 중앙에 있는 인도네시아의 지도 모양을 한 인공섬도 볼 만하다.

미리보기

이번 랜드마크에서는 어떤 대화를 하는지
먼저 살펴볼까요?

 원어민의 음성을
들어보세요.

▶ Indonesia_28.mp3

A **Permisi. Boleh saya minta peta?**

빼르미시. 볼레ㅎ 사야 민따 뻬따

실례합니다. 제가 지도를 좀 얻을 수 있을까요?

B **Tentu boleh. Silakan.**

뜬뚜 볼레ㅎ. 실라깐

당연히 되지요. 가져가세요.

A **Saya sedang mencari alamat ini.**

사야 스당 믄짜리 알라맛 이니

저는 이 주소를 찾고 있는데요.

B **Oh, ini dekat dari sini.**

오ㅎ, 이니 드깟 다리 시니.

아, 이곳은 여기에서 가깝습니다.

A **Bisa tunjukkan di mana itu di dalam peta ini?**

비사 뚠죽깐 디 마나 이뚜 디 달람 쁘따 이니

이 지도에서 여기가 어디인지 가리켜주실 수 있나요?

B **Ya, saya bisa memberi tahu.**

야, 사야 비사 멈브리 따우

네, 제가 알려드릴 수 있습니다.

단어

· peta 지도
  뻬따

· menunjukkan   ~을 보여주다,
  므눈죽깐   입증하다

· memberi tahu 알려주다
  멈브리 따우

· buku petunjuk 안내서
  부꾸 쁘뚠죽

· Bahasa Korea 한국어
  바하사 꼬레아

· Bahasa Ingris 영어
  바하사 잉글리스

· Bahasa Indonesia
  바하사 인도네시아   인도네시아어

· AC 에어컨
  아쎄

· argo 미터기
  아르고

▶ 여행지에서 활용할 수 있는
랜드마크 실전여행 문장을
소리 내어 따라 해 보세요.

● **Buku petunjuk ini ada dalam Bahasa Korea?**
부꾸 쁘뚠죽 이니 아다 달람 바하사 꼬레아
이 안내서는 한국어로 된 것이 있나요?

→ Maaf, kami adanya hanya dalam Bahasa Ingris.
마아프, 까미 아다냐 하냐 달람 바하사 잉그리스
죄송합니다. 저희는 영어로 된 것밖에 없습니다.

● **Di dalam bis itu ada AC?**
디 달람 비스 이뚜 아다 아쎄
그 버스에 에어컨이 있나요?

→ Ya, itu dengan AC.
야, 이뚜 등안 아쎄
네, 그것은 에어컨이 있습니다.

● **Taksi itu bisa pakai argo?**
딱시 이뚜 비사 빠까이 아르고
그 택시는 미터기를 사용할 수 있나요?

→ Ya, tentu saja.
야, 뜬뚜 사자
네, 물론입니다.

● **Peta ini dalam Bahasa apa?**
쁘따 이니 달람 바하사 아빠
이 지도는 무슨 언어로 되어 있나요?

→ Ini pakai bahasa Indonesia.
이니 빠까이 바하사 인도네시아
이것은 인도네시아어로 되어있습니다.

쉬어가기

▶ 오늘 랜드마크 실전여행에서
사용한 단어를 확장해보세요.
* 단어 Tip: 방향 I

- utara 북쪽
  우따라
- selatan 남쪽
  슬라딴
- timur 동쪽
  띠무르
- barat 서쪽
  바랏

- atas 위
  아따스
- bawah 아래
  바와흐
- belakang 뒤
  블라깡
- depan 앞
  드빤

일지쓰기

➡️ 랜드마크에서 대화한 내용을
떠올리며 빈칸을 채워보세요.

A ① Permisi. Boleh saya minta _____?

빼르미시. 볼레ㅎ 사야 민따 뻬따

실례합니다. 제가 지도를 좀 얻을 수 있을까요?

B ② Tentu boleh. _____.

뜬뚜 볼레ㅎ. 실라깐

당연히 되지요. 가져가세요.

A ③ Saya sedang _____ alamat ini.

사야 스당 믄짜리 알라맛 이니

저는 이 주소를 찾고 있는데요.

B ④ Oh, ini dekat _____ sini.

오ㅎ. 이니 드깟 다리 시니.

아, 이곳은 여기에서 가깝습니다.

A ⑤ Bisa _____ di mana itu di
dalam peta ini?

비사 뚠죽깐 디 마나 이뚜 디 달람 쁘따 이니

이 지도에서 여기가 어디인지 가리켜 주실 수 있나요?

B ⑥ Ya, saya bisa _____ tahu.

야. 사야 비사 멈브리 따우

네, 제가 알려드릴 수 있습니다.

정답
....
① peta
② Silakan
③ mencari
④ dari
⑤ tunjukkan
⑥ memberi

Saya sedang
사야 스당

저는 지금 ~하는 중이에요.

· sakit 아프다
  사낏
· sibuk 바쁘다
  시북
· cuti 휴가, 휴가를 떠나다
  쭈띠

· bekerja 일하다
  버꺼르자

· **Saya sedang sakit.**
  사야 스당 사낏

  저는 지금 아파요.

· **Saya sedang sibuk.**
  사야 스당 시북

  저는 지금 바빠요.

· **Saya sedang cuti.**
  사야 스당 쭈띠

  저는 지금 휴가 중이에요.

· **Saya sedang bekerja.**
  사야 스당 버꺼르자

  저는 지금 일하고 있어요.

· **Saya sedang di mana?**
  사야 스당 디 마나

  여기가 어디인가요?(제 위치가 지금 어디인가요?)

160

29

보고르 따만 사파리
(Taman Safari)

오늘 배울 내용은 일정 물어보기

자카르타에서 약 1시간 30분 정도 떨어진 보고르에 있는 따만 사파리는 인도네시아의 대표적인 동물원이다. 따만 사파리로 가는 길은 언제나 막히기 때문에 아침 일찍 출발하는 것이 좋다. 따만 사파리에 들어가기 전 입구 근처에서 당근이나 바나나 같은 동물들의 먹이를 팔고 있으니 사서 가지고 들어가면 동물들을 더 가까이에서 볼 수 있다. 차창 밖으로 손을 내밀어 먹이를 주면 많은 동물들이 다가와 받아먹기 때문이다. 그 외에도 사자, 표범, 오랑우탄 등과 사진을 찍을 수 있는 포토존도 있고 다양한 동물들의 공연들도 마련되어 있어 즐거운 시간을 보낼 수 있다.

미리보기

이번 랜드마크에서는 어떤 대화를 하는지
먼저 살펴볼까요?

 원어민의 음성을
들어보세요.

Indonesia_29.mp3

A Jam berapa sekarang?

잠 버라빠 스까랑

지금 몇 시인가요?

B Sekitar jam satu siang.

스끼따르 잠 사뚜 씨앙

대략 오후 1시입니다.

A Kapan ada pertunjukan binatang yang berikutnya?

까빤 아다 쁘르뚠죽깐 비나땅 양 버리꿋냐

다음 동물 공연은 언제인가요?

B Setahu saya, yang berikutnya jam 1.30.

스따우 사야, 양 버리꿋냐 잠 사뚜 띠가 쁠루ㅎ

제가 알기로는 다음 공연이 1시 30분입니다.

A Oh, saya harus buru-buru. Tempat pertunjukannya ada di mana?

오ㅎ, 사야 하루스 부루부루. 뜸빳 쁘르뚠죽깐냐 아다 디 마나

아, 제가 서둘러야겠군요. 공연장이 어디죠?

B Lurus terus sejauh kurang lebih 300m. Lalu, belok kanan di perempatan. Itu ada di sisi kanan Anda.

루루스 뜨루스 스자우ㅎ 꾸랑 르비ㅎ 띠가 라뚜스 메떠르. 랄루, 벨록 까난 디 쁘르음빳딴. 이뚜 아다 디 시시 까난 안다

300m 정도 직진하세요. 그리고 사거리에서 오른쪽으로 도세요. 공연장은 당신의 오른쪽 편에 있습니다.

단어

- binatang 동물
  비나땅

- berikutnya 다음에, 이어서,
  버리꿋냐 다음 사항, 이어지는 것

- buru-buru 서두르다

- sejauh ~만큼 먼
  스자우ㅎ

- kurang lebih 대략
  꾸랑 르비ㅎ

- lalu 그런다음
  랄루

- perempatan 사거리
  쁘르음빳딴

- antrian 줄
  안뜨리안

- memotret 사진찍다
  머모뜨렛

162

여행지에서 활용할 수 있는 랜드마크 실전여행 문장을 소리 내어 따라 해 보세요.

- **Antriannya ada di mana?**
  안뜨리안냐 아다 디 마나
  줄을 어디에서 서나요?

  → **Anda harus lewat sana.**
  안다 하루스 래왓 사나
  저쪽으로 가야합니다.

- **Apa saya boleh memotret?**
  아빠 사야 볼레ㅎ 머모뜨렛
  사진을 찍어도 될까요?

  → **Maaf, tapi tidak boleh. Di sini wilayah dilarang memotret.**
  마아프, 따삐 띠닥 볼레ㅎ. 디 시니 윌라야ㅎ 딜라랑 머모뜨렛
  죄송하지만 안 됩니다. 여기는 촬영 금지 구역입니다.

- **Di mana saya bisa beli karcis masuk?**
  디 마나 사야 비사 블리 까르찌스 마숙
  어디에서 입장권을 살 수 있나요?

  → **Belok kanan di belokan pertama.**
  벨록 까난 디 벨록깐 뻐르따마
  첫번째 모퉁이에서 오른쪽으로 도세요.

- **Bolehkah saya berfoto dengan orangutan itu?**
  볼레ㅎ까ㅎ 사야 버르포또 등안 오랑우딴 이뚜
  제가 저 오랑우탄과 사진을 찍어도 되나요?

  → **Ya, silakan bayar dulu.**
  야, 실라깐 바야르 둘루
  네, 먼저 돈을 내주세요.

오늘 랜드마크 실전여행에서 사용한 단어를 확장해보세요.
* 단어 Tip: 동물 이름 Ⅱ

harimau 호랑이 하리마우	**kuda** 말 꾸다
singa 사자 싱아	**tikus** 쥐 띠꾸스
babi 돼지 바비	**ular** 뱀 울라르
kelinci 토끼 껄린찌	**unta** 낙타 운따
kambing 염소 깜빙	**rusa** 사슴 루사

랜드마크에서 대화한 내용을
떠올리며 빈칸을 채워보세요.

A ① Jam berapa _____?

잠 버라빠 스까랑

지금 몇 시인가요?

B ② Sekitar jam satu _____.

스끼따르 잠 사뚜 씨앙

대략 오후 1시입니다.

A ③ _____ ada pertunjukan binatang yang berikutnya?

까빤 아다 쁘르뚠죽깐 비나땅 양 버리꿋냐

다음 동물 공연은 언제인가요?

B ④ Setahu saya, yang _____ jam 1.30.

스따우 사야, 양 버리꿋냐 잠 스뚱아ㅎ 두아

제가 알기로는 다음 공연이 1시 30분입니다.

A ⑤ Oh, saya harus _____. Tempat pertunjukannya ada di mana?

오ㅎ, 사야 하루스 부루부루. 뜸빳 쁘르뚠죽깐냐 아다 디 마나

아, 제가 서둘러야겠군요. 공연장이 어디죠?

B ⑥ Lurus terus sejauh kurang lebih 300m. Lalu, belok _____ di perempatan. Itu ada di sisi kanan Anda.

루루스 뜨루스 스자우ㅎ 꾸랑 르비ㅎ 띠가 라뚜스 메떠르. 랄루, 벨록 까난 디 쁘르음빳딴. 이뚜 아다 디 시시 까난 안다

300m 정도 직진하세요. 그리고 사거리에서 오른쪽으로 도세요. 공연장은 당신의 오른쪽 편에 있습니다.

정답

① sekarang
② siang
③ Kapan
④ berikutnya
⑤ terburu-buru
⑥ kanan

164

kapan
까빤

언제 ~?

- rapat 회의
  라빳
- tamu 손님
  따무
- sejak ~이후로, ~이래로
  스작

- lampu merah 신호등, 빨간불, 적신호
  람뿌 메라ㅎ
- lokasi 위치, 장소, 지역
  로까시

- **Kapan ada waktu?**
  까빤 아다 왁뚜

  언제 시간돼요?

- **Kapan ada rapat?**
  까빤 아다 라빳

  회의가 언제예요?

- **Kapan ada diskon?**
  까빤 아다 디스꼰

  언제 할인해요?

- **Sampai kapan ada tamu?**
  삼빠이 까빤 아다 따무

  언제까지 손님이 계시죠?

- **Sejak kapan ada lampu merah di lokasi itu?**
  스작 까빤 아다 람뿌 메라ㅎ 디 로까시 이뚜

  언제부터 신호등이 그곳에 생기나요?

30 보고르 식물원
(Taman Botani Bogor)

오늘 배울 내용은 냉방이 필요할 때 쓰는 표현들

자카르타에서 남쪽으로 60km 정도 떨어져 있는 보고르 식물원에는 약 15,000여 종의 식물들이 있다. 세계에서 가장 큰 꽃이라 불리는 라플레시아부터 세계 각지에서 모은 여러 식물들이 자라고 있어 데이트 장소로도 소풍장소로도 더할 나위 없이 좋다. 곳곳에 산책로도 잘 만들어져 있어 힐링 스팟으로 추천한다.

미리보기

이번 랜드마크에서는 어떤 대화를 하는지
먼저 살펴볼까요?

 원어민의 음성을
들어보세요.

Indonesia_30.mp3

A Pak, di sini terlalu panas.

빡, 디 시니 떠르랄루 빠나스

아저씨, 여기 너무 더운데요.

B Saya juga merasa panas sekali.

사야 주가 므라사 빠나스 스깔리

저도 너무 덥습니다.

A Minta nyalain AC.(구어체)

민따 냘라인 아쎄

에어컨을 켜주세요.

B Sudah, Kok. ACnya tidak seperti biasa.

수다ㅎ, 꼭. 아쎄냐 띠닥 스뻐르띠 비아사

어, 이미 틀었는데. 에어컨이 평소와 같지 않네요.

A Minta nyalain ACnya lebih dingin.(구어체)

민따 냘라인 아쎄냐 르비ㅎ 딩인

에어컨을 더 세게 틀어주세요.

B Oh, ya. ACnya kurang dingin.

오ㅎ, 야. 아쎄냐 꾸랑 딩인

아, 네. 에어컨이 별로 시원하지 않네요.

단어

· nyalain (구어체)켜다
냘라인

· AC 에어컨
아쎄

· seperti biasa 평소처럼,
스뻐르띠 비아사   평소같이

· lebih 더
르비ㅎ

· kedinginan 너무 춥다
끄딩인안

· matikan 끄다
마띠깐

· kepanasan 너무 덥다
끄빠나산

· membuka 열다
멈부까

· tutup 닫다
뚜뚭

· jendela 창문
즌델라

167

➡ 여행지에서 활용할 수 있는
랜드마크 실전여행 문장을
소리 내어 따라 해 보세요.

● **Di sini kedinginan.**
디 시니 끄딩인안
여기 너무 춥네요.

→ **Kalau begitu, saya matikan AC saja.**
깔라우 버기뚜, 사야 마띠깐 아쩨 사자
그러면, 제가 에어컨을 끄지요, 뭐.

● **Di sini kepanasan.**
디 시니 끄빠나산
여기 너무 덥네요.

→ **Saya membuka pintu saja.**
사야 멈부까 삔뚜 사자
제가 문을 열지요, 뭐.

● **Apakah saya boleh membuka pintu?**
아빠까ㅎ 사야 볼레ㅎ 멈부까 삔뚜
제가 문을 열어도 되겠습니까?

→ **Silakan.**
실라깐
그러세요.

● **Minta tutup jendela.**
민따 뚜뚭 즌델라
창문을 닫아주세요.

→ **Tidak bisa. Jendelanya rusak.**
띠닥 비사. 즌델라냐 루삭
안 돼요. 창문이 고장났습니다.

쉬어가기

➡ 오늘 랜드마크 실전여행에서
사용한 단어를 확장해보세요.
＊ 단어 Tip: 색깔 Ⅱ

• abu-abu 회색 아부-아부	• biru muda 하늘색 비루 무다
• pink 분홍색 삥	• ungu 보라색 웅우
• merah muda 분홍색 메라ㅎ 무다	• emas 금색 에마스
• merah jambu 분홍색 메라ㅎ 잠부	• perak 은색 뻬락
• hijau muda 연두색 히자우 무다	• bening 투명색 브닝

일지쓰기

랜드마크에서 대화한 내용을 떠올리며 빈칸을 채워보세요.

A ① Pak, di sini _____ panas.

빡, 디 시니 떠르랄루 빠나스

아저씨, 여기 너무 더운데요.

B ② Saya juga merasa panas _____.

사야 주가 므라사 빠나스 스깔리

저도 너무 덥습니다.

A ③ Minta _____ AC.(구어체)

민따 날라인 아쎄

에어컨을 켜주세요.

B ④ Sudah, Kok. ACnya tidak _____ biasa.

수다ㅎ. 꼭. 아쎄냐 띠닥 스뻐르띠 비아사

어, 이미 틀었는데. 에어컨이 평소와 같지 않네요.

A ⑤ Minta nyalain ACnya lebih _____. (구어체)

민따 날라인 아쎄냐 르비ㅎ 딩인

에어컨을 더 세게 틀어주세요.

B ⑥ Oh, ya. ACnya _____ dingin.

오ㅎ, 야. 아쎄냐 꾸랑 딩인

아, 네. 에어컨이 별로 시원하지 않네요.

정답
① terlalu
② sekali
③ nyalain
④ seperti
⑤ dingin
⑥ kurang

이 정도 한 마디는
랜드마크에서 꼭 해봐요.
패턴으로 완벽 암기하세요.

Saya juga
사야 주가

저도 ～해요.

- marah 화난
  마라ㅎ
- mempunyai 가지다
  멈뿌냐이
- film 영화
  필름

- berpikir 생각하다
  버르삐끼르

- Saya juga marah sekali.
  사야 주가 마라ㅎ 스깔리

  저도 매우 화가 나요.

- Saya juga mempunyai banyak sekali.
  사야 주가 멈뿌냐이 바냑 스깔리

  저도 매우 많이 갖고 있어요.

- Saya juga suka film Korea.
  사야 주가 수까 필름 꼬레아

  저도 한국영화를 좋아해요.

- Saya juga berpikir begitu.
  사야 주가 버르삐끼르 버기뚜

  저도 그렇게 생각해요.

- Saya juga tidak bisa.
  사야 주가 띠닥 비사

  저도 못 해요.

인도네시아 자바섬 북서안에 위치한 인도네시아의 수도 자카르타는 한국보다 2시간 느리며 정치, 경제, 문화의 중심지이다. 자카르타는 교통체증이 매우 심하며 인구밀도가 너무 높아 공기오염 또한 심각한 곳으로 알려져 있다. 시내에는 대형 백화점과 같은 쇼핑센터가 밀집해 있어 주변국에 쇼핑의 천국으로 불리기도 한다. 또 비즈니스 거점의 도시로 시내 중심가까지 접근성이 좋으며 훌륭한 호텔들도 많이 있다.

랜드마크 인도네시아 여행

족자카르타 1

31 보로부두르 사원
32 짠디르조 전통마을
33 쁘람바난 사원
34 족자카르타 왕궁

족자카르타 보로부두르 사원
(Candi Borobudur)

오늘 배울 내용은 숙소에서 쓰는 표현들 I

족자카르타 하면 가장 먼저 떠오르는 곳으로 8-9세기에 세워진 불교 사원이다. 불교의 우주관을 형상화한 만다라를 그림이 아닌 건축물로 재현해놓아 전 세계의 관심을 받고 있는 곳이기도 하며 돌로 만든 불교 건축물 가운데 단일 건축물로는 세계 최대 규모를 자랑하기도 한다. 이 사원 안에 호텔이 있어 호텔에서 하룻밤을 자고 동이 트기 전 호텔 직원의 도움을 받아 보로부두르 정상에 올라 해 뜨는 모습을 보는 것도 평생 기억에 남을 만큼 장관을 이룬다.

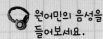 원어민의 음성을
들어보세요.

🎵 Indonesia_31.mp3

A Selamat datang. Apa Anda sudah pesan kamar?

슬라맛 다땅. 아빠 안다 수다ㅎ 쁘산 까마르

어서오세요. 방을 예약하셨습니까?

B Belum. Bisakah saya pesan kamar untuk malam ini?

블룸. 비사까ㅎ 사야 쁘산 까마르 운뚝 말람 이니

아직 안 했습니다. 제가 오늘밤에 묵을 방을 예약할 수 있을까요?

A Anda pesan kamar untuk sendiri?

안다 쁘산 까마르 운뚝 슨디리

혼자 묵으실 방을 예약하시는 건가요?

B Tidak. Untuk 2 orang.

띠닥. 운뚝 두아 오랑

아니요. 두 사람입니다.

A Oh, masih ada kamar kosong.

오ㅎ, 마시ㅎ 아다 까마르 꼬송

오, 아직 빈 방이 있네요.

B Ada harga promo?

아다 하르가 쁘로모

할인가가 있습니까?

단어

· kamar 방
  까마르

· malam ini 오늘밤
  말람 이니

· masih 아직도
  마시ㅎ

· kosong 비어있는
  꼬송

· harga promo 할인가
  하르가 쁘로모

· pajak 세금
  빠작

· bangun 일어나다
  방운

· sarapan 아침식사,
  사라빤   아침식사 하다

· mulai 시작하다
  물라이

여행지에서 활용할 수 있는 랜드마크 실전여행 문장을 소리 내어 따라 해 보세요.

- Berapa harga hotel per malam?
  버라빠 하르가 호뗄 뻐르 말람
  하룻밤에 호텔 가격이 얼마인가요?

  → Rp500.000,00 per malam. Sudah termasuk pajak.
  리마 라뚜스 리부 뻐르 말람. 수다ㅎ 떠르마숙 빠작
  하룻밤에 500,000루피아입니다. 세금 포함입니다.

- Jam berapa saya harus bangun?
  잠 버라빠 사야 하루스 방운
  몇 시에 제가 일어나야 하나요?

  → Sarapannya mulai dari jam 6 pagi sampai jam 9 pagi.
  사라빤냐 물라이 다리 잠 으남 빠기 삼빠이 잠 슴빌란 빠기
  아침 식사는 오전 6시에 시작해서 9시까지입니다.

- Harga ini sudah termasuk makan pagi?
  하르가 이니 수다ㅎ 떠르마숙 마깐 빠기
  이 가격은 아침 식사 포함인가요?

  → Ya, sudah.
  야, 수다ㅎ
  네, 포함되었습니다.

- Jam berapa berangkat ke candi Borobudur?
  잠 버라빠 브랑깟 끄 짠디 보로부두르
  보로부두르 사원으로 몇 시에 출발하나요?

  → Jam 5 pagi kita akan berangkat.
  잠 리마 빠기 끼따 아깐 브랑깟
  우리는 오전 5시에 출발할 것입니다.

쉬어가기

오늘 랜드마크 실전여행에서 사용한 단어를 확장해보세요.
* 단어 Tip: 가족 호칭 II

kakek 할아버지 까껙	tante 고모, 이모, 작은 어머니, 딴뜨 　 큰어머니, 등
nenek 할머니 네넥	cucu 손주 쭈쭈
mertua 시부모님, 머르뚜아 　 장인·장모님	sepupu 조카 스뿌뿌
paman 삼촌, 큰아버지, 빠만 　 작은아버지, 이모부, 　 고모부 등	

랜드마크에서 대화한 내용을
떠올리며 빈칸을 채워보세요.

A ① Selamat datang. Apa Anda sudah
_____ kamar?

슬라맛 다땅. 아빠 안다 수다ㅎ 쁘산 까마르

어서오세요. 방을 예약하셨습니까?

B ② Belum. Bisakah saya pesan kamar
untuk _____ ini?

블룸. 비사까ㅎ 사야 쁘산 까마르 운뚝 말람 이니

아직 안 했습니다. 제가 오늘밤에 묵을 방을 예약할 수 있을까요?

A ③ Anda pesan _____ untuk sendiri?

안다 쁘산 까마르 운뚝 슨디리

혼자 묵으실 방을 예약하시는 건가요?

B ④ Tidak. Untuk 2 _____.

띠닥. 운뚝 두아 오랑

아니요. 두 사람입니다.

A ⑤ Oh, masih ada kamar _____.

오ㅎ. 마시ㅎ 아다 까마르 꼬송

오, 아직 빈 방이 있네요.

B ⑥ Ada harga _____?

아다 하르가 쁘로모

할인가가 있습니까?

정답
① pesan
② malam
③ kamar
④ orang
⑤ kosong
⑥ promo

기억하기

이 정도 한 마디는
랜드마크에서 꼭 해봐요.
패턴으로 완벽 암기하세요.

Bisakah Anda pesan
비사까ㅎ 안다 쁘산

당신이 ~을 예약/주문해줄 수 있나요?

· tempat duduk 자리, 좌석
  뜸빳 두둑

· tiket 표
  띠껫

· pesawat 비행기
  쁘사왓

· kereta api 기차
  끄레따 아삐

· **Bisakah Anda pesan makanan?**
  비사까ㅎ 안다 쁘산 마깐안

  당신이 음식을 주문해줄 수 있나요?

· **Bisakah Anda pesan tempat duduk?**
  비사까ㅎ 안다 쁘산 뜸빳 두둑

  당신이 자리를 예약해줄 수 있나요?

· **Bisakah Anda pesan taksi?**
  비사까ㅎ 안다 쁘산 딱시

  당신이 택시를 예약해줄 수 있나요?

· **Bisakah Anda pesan tiket pesawat?**
  비사까ㅎ 안다 쁘산 띠껫 쁘사왓

  당신이 비행기표를 예약해줄 수 있나요?

· **Bisakah Anda pesan tiket kereta api?**
  비사까ㅎ 안다 쁘산 띠껫 끄레따 아삐

  당신이 기차표를 예약해줄 수 있나요?

오늘 배울 내용은 **숙소에서 쓰는 표현들 2**

짠디르조 전통마을은 보로부두르 사원에서 약 5.5km 동남쪽으로 떨어진 곳에 위치하고 있다. 이곳은 한국의 민속촌처럼 현지인들이 전통적으로 어떻게 생활하며 살아가는지 볼 수 있는 곳이다. 짠디르조 전통마을에서는 말마차를 타고 마을 전체를 구경하며 자바 전통양식의 가옥, 마을의 소학교, 파파야, 땅콩, 옥수수 등 작물의 재배 모습 등도 볼 수 있다. 또한 전통악기 가물란의 연주를 배울 수 있고 재배지에서 수확한 타로토란을 직접 갈아 요리해보는 쿠킹 클래스도 참여하는 등 이색적인 경험들을 즐길 수 있다.

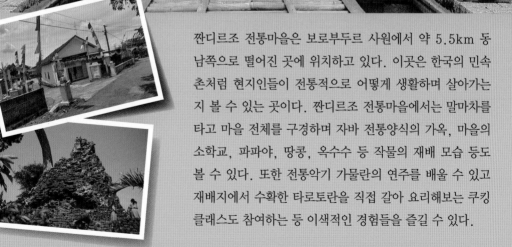

이번 랜드마크에서는 어떤 대화를 하는지
먼저 살펴볼까요?

 원어민의 음성을
들어보세요.

Indonesia_32.mp3

A **Saya dingin sekali. Apa saya boleh pinjam baju yang tebal?**

사야 딩인 스깔리. 아빠 사야 볼레ㅎ 삔잠 바주 양 뜨발

저는 너무 춥습니다. 두꺼운 옷을 빌릴 수 있을까요?

B **Maaf, kami hanya jual baju tebal, tidak bisa dipinjamkan.**

마아프, 까미 하냐 주알 바주 뜨발, 띠닥 비사 디삔잠깐

죄송합니다. 저희는 두꺼운 옷을 팔기만 하고, 빌려드릴 수는 없습니다.

A **Oh, kalua begitu, saya bisa dapat selimutnya satu lagi?**

오ㅎ, 깔라우 버기뚜, 사야 비사 다빳 슬리뭇냐 사뚜 라기?

아, 그러면 이불 하나 더 주실 수 있나요?

B **Ya, kalua selimut, Anda bisa pinjam. Tapi harus bayar.**

야, 깔라우 슬리뭇, 안다 비사 삔잠. 따삐 하루스 바야르

네, 이불은 빌리실 수 있어요. 하지만 돈을 내셔야 합니다.

A **Harganya berapa?**

하르가냐 버라빠

가격이 얼마인가요?

B **Rp100.000,00.**

스라뚜스 리부

100,000루피아입니다.

단어

· **pinjam** 빌리다
  삔잠

· **baju** 옷
  바주

· **dipinjamkan** 빌려주다
  디삔잠깐

· **dapat** 받다
  다빳

· **selimut** 이불
  슬리뭇

· **air panas** 온수
  아이르 빠나스

· **kuda** 말
  꾸다

· **suhu** 기온, 온도
  수후

· **cuaca** 날씨
  쭈아짜

· **tipis** 얇은
  띠삐스

여행지에서 활용할 수 있는
랜드마크 실전여행 문장을
소리 내어 따라 해 보세요.

- Apa di sini ada air panas?
아빠 디 시니 아다 아이르 빠나스
여기 뜨거운 물이 나오나요?

  → Ya, ada air panas.
  야, 아다 아이르 빠나스.
  네, 뜨거운물 나옵니다.

- Kalau saya mau naik kuda, harganya berapa?
깔라우 사야 마우 나익 꾸다, 하르가냐 버라빠
말을 타려면 얼마를 내야 하나요?

  → Rp100.000,00 per orang.
  스라뚜스 리부 뻬르 오랑
  한 사람당 100,000루피아입니다.

- Berapa suhu sekarang?
버라빠 수후 스까랑
지금 기온이 몇 도인가요?

  → Setahu saya, sekarang kira-kira 20°C.
  스따우 사야, 스까랑 끼라-끼라 두아 뿔루ㅎ 드라잣 쩰씨우스
  제가 알기로는, 지금 대략 20°C입니다.

- Kenapa cuaca hari ini lebih panas?
끄나빠 쭈아짜 하리 이니 르비ㅎ 빠나스
왜 오늘 날씨가 더 덥나요?

  → Sebaiknya Anda pakai baju yang lebih tipis.
  스바익냐 안다 빠까이 바주 양 르비ㅎ 띠삐스
  당신은 더 얇은 옷을 입는 게 좋겠네요.

오늘 랜드마크 실전여행에서
사용한 단어를 확장해보세요.
* 단어 Tip: 신체 부위 I

kepala 머리 끄빨라	**mata** 눈 마따
leher 목 레헤르	**hidung** 코 히둥
tangan 손 땅안	**mulut** 입 물룻
perut 배 쁘룻	**telinga** 귀 뜰링아
kaki 발 까끼	

일지쓰기

⮕ 랜드마크에서 대화한 내용을 떠올리며 빈칸을 채워보세요.

A ① Saya dingin sekali. Apa saya boleh _____ baju yang tebal?

사야 딩인 스깔리. 아빠 사야 볼래ㅎ 삔잠 바주 양 뜨발

저는 너무 춥습니다. 두꺼운 옷을 빌릴 수 있을까요?

B ② Maaf, kami hanya _____ baju tebal, tidak bisa dipinjamkan.

마아프, 까미 하냐 주알 바주 뜨발. 띠닥 비사 디삔잠깐

죄송합니다. 저희는 두꺼운 옷을 팔기만 하고, 빌려드릴 수는 없습니다.

A ③ Oh, kalua begitu, saya bisa dapat selimutnya satu _____?

오ㅎ, 깔라우 버기뚜, 사야 비사 다빳 슬리뭇냐 사뚜 라기

아, 그러면 이불 하나 더 주실 수 있나요?

B ④ Ya, kalua _____, Anda bisa pinjam. Tapi harus bayar.

야, 깔라우 슬리뭇, 안다 비사 삔잠. 따삐 하루스 바야르

네, 이불은 빌리실 수 있어요. 하지만 돈을 내셔야 합니다.

A Harganya berapa?

하르가냐 버라빠

가격이 얼마인가요?

B Rp100.000,00.

스라뚜스 리부

100,000루피아입니다.

정답
① pinjam
② jual
③ lagi
④ selimut

182

이 정도 한 마디는
랜드마크에서 꼭 해봐요.
패턴으로 완벽 암기하세요.

Aku tidak bisa
아꾸 띠닥 비사

나는 ~할 수 없어요.

- tidur 자다
  띠두르
- mencium (코로 냄새를)맡다, 뽀뽀하다
  먼찌움
- bau 냄새, 냄새가 나다
  바우

- tahan 참다, 견디다
  따한

- Aku tidak bisa **tidur.**
  아꾸 띠닥 비사 띠두르
  나는 잠을 못 자겠어요.

- Aku tidak bisa **login instagram.**
  아꾸 띠닥 비사 로긴 인스따그람
  나는 인스타그램에 로그인할 수 없어요.

- Aku tidak bisa **mencium bau.**
  아꾸 띠닥 비사 먼찌움 바우
  나는 냄새를 맡을 수 없어요.

- Aku tidak bisa **tahan.**
  아꾸 띠닥 비사 따한
  나는 참을 수 없어요.

- Aku tidak bisa **bahasa Inggris.**
  아꾸 띠닥 비사 바하사 잉그리스
  나는 영어를 못해요.

33 족자카르타 쁘람바난 사원
(Candi Prambanan)

오늘 배울 내용은 공연 일정을 알아볼 때 쓰는 표현들

쁘람바난 사원은 인도네시아의 손꼽히는 문화유산으로 보로부두르 불교사원에 버금가는 유네스코 문화유산에 등재된 힌두사원이다. 대소신전 240개로 구성되어 있으며 이 중에도 삼위일체라고 하는 힌두교의 3대 신을 모신 브라흐마 신전, 비슈누 신전, 시바 신전 등 3개의 신전이 대표적이다.

미리보기

이번 랜드마크에서는 어떤 대화를 하는지
먼저 살펴볼까요?

 원어민의 음성을
들어보세요.

Indonesia_33.mp3

A **Saya ingin menonton pertunjukan Ramayana.**

사야 잉인 머논똔 쁘르뚠죽깐 라마야나

저는 라마야나 공연을 보고 싶습니다.

B **Anda bisa menonton sendratari itu di candi Prambanan.**

안다 비사 머논똔 슨드라따리 이뚜 디 짠디 쁘람바난

당신은 쁘람바난 사원에서 그 공연을 볼 수 있습니다.

A **Apa arti kata 'Senderatari' itu?**

아빠 아르띠 까따 '슨드라따리' 이뚜

그 '슨드라따리'가 무슨 뜻인가요?

B **Sendratari adalah singkatan dari kata seni drama dan tari.**

슨드라따리 아달라ㅎ 씽까딴 다리 까따 스니 드라마 단 따리

슨드라따리는 드라마 예술과 춤을 합친 약어입니다.

단어

- **menonton** 보다, 시청하다
  머논똔
- **Ramayana** 인도의 대서사시
  라마야나
- **sendratari** 춤으로 공연하는
  슨드라따리   연극

- **arti** 뜻, 의미
  아르띠
- **kata** 단어
  까따
- **singkatan** 약어, 약자
  씽까딴
- **seni** 예술
  스니
- **diadakan** 개최되다, 벌어지다
  디아다깐
- **panggung** 공연장
  빵궁
- **terbuka** 열린, 개방된
  떠르부까

A **Jam berapa pertunjukannya?**

잠 버라빠 쁘르뚠죽깐냐

공연이 몇 시에 있나요?

B **Biasanya diadakan di panggung terbuka setiap hari Selasa, Kamis, dan Sabtu jam 19.30-21.30.**

비아사냐 디아다깐 디 빵궁 떠르부까 스띠압 하리 슬라사, 까미스, 단 삽뚜 잠 슴빌란블
라스 띠가뿔루ㅎ 삼빠이 두아뿔루ㅎ사뚜 띠가뿔루ㅎ

보통 노천 공연장에서 매주 화, 목, 토요일 저녁 7시 30분-9시 30분에
있습니다.

185

여행지에서 활용할 수 있는
랜드마크 실전여행 문장을
소리 내어 따라 해 보세요.

- **Apa saya bisa beli tiket pertunjukannya?**
  아빠 사야 비사 블리 띠껫 쁘르뚠죽깐냐
  공연 티켓을 살 수 있나요?

  → Ya, bisa.
  야, 비사
  네, 가능합니다.

- **Untuk berapa orang mau beli tiketnya?**
  운뚝 버라빠 오랑 마우 블리 띠껫냐
  표를 사시려는 분이 몇 분이세요?

  → 6 orang.
  으남 오랑
  6명이요.

- **Ada diskon?**
  아다 디스꼰
  할인 있나요?

  → Kalau ada KITAS, Anda bisa dapat 10% diskon.
  깔라우 아다 끼따스, 안다 비사 다빳 스뿔루ㅎ 쁘르센 디스꼰
  KITAS(기한부 체재 허가증)이 있으면 10% 할인 받으실 수 있습니다.

- **Panggung pertujukannya ada di mana?**
  빵궁 쁘르뚠죽깐냐 아다 디 마나
  공연장이 어디 있습니까?

  → Terus kira-kira 200m dan belok kiri.
  뜨루스 끼라-끼라 두아라뚜스 메떠르 단 벨록 끼리
  200m 직진하셔서 좌회전하세요.

오늘 랜드마크 실전여행에서
사용한 단어를 확장해보세요.
* 단어 Tip: 여행에
　　　　필요한 물건 Ⅱ

KTP(Kartu Tanda Penduduk)
까떼뻬　　　　　　　　신분증

SIM(Surat Izin Mengemudi)
심　　　　　　　　운전면허증

paspor 여권
빠스뽀르

tas 가방
따스

- bagasi 여행용 캐리어
  바가시
- payung 우산
  빠융
- dompet 지갑
  돔뻿
- baju renang 수영복
  바주 르낭

일지쓰기

➡ 랜드마크에서 대화한 내용을
떠올리며 빈칸을 채워보세요.

A　① Saya ingin _____ pertunjukan Ramayana.

사야 잉인 머논똔 쁘르뚠죽깐 라마야나

저는 라마야나 공연을 보고 싶습니다.

B　② Anda bisa menonton sendratari itu di _____ Prambanan.

안다 비사 머논똔 슨드라따리 이뚜 디 짠디 쁘람바난

당신은 쁘람바난 사원에서 그 공연을 볼 수 있습니다.

A　③ Apa _____ kata 'Senderatari' itu?

아빠 아르띠 까따 '슨드라따리' 이뚜

그 '슨드라따리'가 무슨 뜻인가요?

B　④ Sendratari adalah _____ dari kata seni drama dan tari.

슨드라따리 아달라ㅎ 씽까딴 다리 까따 스니 드라마 단 따리

슨드라따리는 드라마 예술과 춤을 합친 약어입니다.

A　⑤ Jam berapa _____?

잠 버라빠 쁘르뚠죽깐냐

공연이 몇 시에 있나요?

B　⑥ Biasanya diadakan di panggung terbuka _____ hari Selasa, Kamis, dan Sabtu jam 19.30-21.30.

비아사냐 디아다깐 디 빵궁 떠르부까 스띠압 하리 슬라사, 까미스, 단 삽뚜 잠 슴빌란블라스 띠가뿔루ㅎ 삼빠이 두아뿔루ㅎ사뚜 띠가뿔루ㅎ

보통 노천 공연장에서 매주 화, 목, 토요일 저녁 7시 30분~9시 30분에 있습니다.

정답

① menonton
② candi
③ arti
④ singkatan
⑤ pertunjukannya
⑥ setiap

adalah singkatan dari kata
아달라ㅎ 싱까딴 다리 까따

~는 단어 ~의 줄임말입니다.

- surat 편지, 증명서
  수랏
- izin 허가, 승인
  이진
- mengemudi 운전하다
  뭉으무디

- bahan 원료, 요소
  바한
- bakar 태우다, 굽다
  바까르

- **dll** adalah singkatan dari kata **dan lain-lain.**
  데엘엘 아달라ㅎ 싱까딴 다리 까따 단 라인-라인
  dll은 단어 '기타 등등'의 줄임말입니다.

- **SIM** adalah singkatan dari kata **Surat Izin Mengemudi.**
  심 아달라ㅎ 싱까딴 다리 까따 수랏 이진 뭉으무디
  SIM은 단어 '운전면허증'의 줄임말입니다.

- **P.P.** adalah singkatan dari kata **pulang pergi.**
  뻬뻬 아달라ㅎ 싱까딴 다리 까따 뿔랑 뻐르기
  P.P.는 단어 '왕복'의 줄임말입니다.

- **P.T.** adalah singkatan dari kata **Perseroan Terbatas.**
  뻬떼 아달라ㅎ 싱까딴 다리 까따 뻐르세로안 떠르바따스
  P.T.는 단어 '주식회사'의 줄임말입니다.

- **BBM** adalah singkatan dari kata **Bahan Bakar Minyak.**
  베베엔 아달라ㅎ 싱까딴 다리 까따 바한 바까르 미냑
  BBM은 단어 '석유'의 줄임말입니다.

34 족자카르타 왕궁
(Keraton)

오늘 배울 내용은 필요한 물품을 구할 때 쓰는 표현들

족자카르타는 술탄이라 불리는 왕이 아직도 존재하는 특별 지역이다. 이 왕은 공식적으로는 주지사와 동급이지만 족자카르타 사람들에게는 정신적 지주 역할을 하는 아주 중요한 인물이다. 족자카르타는 우리나라의 경주와 같이 과거의 수도로 역사의 중심이었던 곳이다. 하지만 왕궁은 화려하기보다는 소박하고 단층으로 된 심플한 구조로 되어있다. 요일별로 조금씩 다른 인도네시아 전통 음악(가믈란)이나 전통 인형극을 볼 수 있으니 꼭 한 번 보길 추천한다.

미리보기

이번 랜드마크에서는 어떤 대화를 하는지
먼저 살펴볼까요?

 원어민의 음성을
들어보세요.

Indonesia_34.mp3

A Minta mampir di supermarket sebentar.

민따 맘삐르 디 수빠르말꼿 스븐따르

잠시 슈퍼마켓에 들렀으면 합니다.

B Mengapa?

멍아빠

왜요?

A Saya perlu beli sikat gigi.

사야 뻐를루 블리 시깟 기기

저는 칫솔을 사야 합니다.

B Itu saja? Ada yang perlu lagi?

이뚜 사자? 아다 양 뻐를루 라기

그것뿐인가요? 또 필요하신 것이 있으신가요?

A Saya perlu handuk juga.

사야 뻐를루 한둑 주가

저는 수건도 필요합니다.

B Apa lagi?

아빠 라기

또 뭐가 있으신가요?

단어

· supermarket 슈퍼마켓
수빠르말꼿

· mengapa 왜
멍이빠

· bolpoin 볼펜
볼뽀인

· penghapus 지우개
뻥하뿌스

· minuman 음료수, 술
미눔안

· merasa 느끼다
므라사

· haus 갈증나는, 목이 마른
하우스

190

여행지에서 활용할 수 있는
랜드마크 실전여행 문장을
소리 내어 따라 해 보세요.

- **Ada bolpoin?**
  아다 볼뽀인
  볼펜이 있나요?

  → **Ya. Mau berapa?**
  야. 마우 버라빠
  네, 몇 개를 원하세요?

- **Saya mau penghapus.**
  사야 마우 뼁하뿌스
  저는 지우개를 원해요.

  → **Untuk apa?**
  운뚝 아빠
  무엇에 쓰시려고요?

- **Saya perlu makanan.**
  사야 뻐를루 마까난
  저는 음식이 필요합니다.

  → **Anda lapar?**
  안다 라빠르
  배가 고프신가요?

- **Saya ingin minuman yang dingin.**
  사야 잉인 미눔안 양 딩인
  저는 차가운 음료수를 원해요.

  → **Anda merasa haus?**
  안다 므라사 하우스
  목이 마르신가요?

쉬어가기

오늘 랜드마크 실전여행에서
사용한 단어를 확장해보세요.
* 단어 Tip: 접속사 II

maka 그래서 마까	oleh karena itu 그런 이유 올레ㅎ 까르나 이뚜 때문에
sehingga 그래서 스힝가	
namun 그러나 나문	meskipun 그럼에도 불구하고 머스끼뿐
serta 하면서, 그리고 서르따	sesudah 후에 스수다ㅎ
sebabnya 그 이유는 스밥냐	saat 할 때 사앗

랜드마크에서 대화한 내용을
떠올리며 빈칸을 채워보세요.

A ① Minta mampir di supermarket
_____.

민따 맘삐르 디 수뻐르맠끗 스븐따르

잠시 슈퍼마켓에 들렀으면 합니다.

B ② _____?

멍아빠

왜요?

A ③ Saya perlu beli sikat _____.

사야 뻐를루 블리 시깟 기기

저는 칫솔을 사야 합니다.

B ④ Itu saja? Ada yang _____ lagi?

이뚜 사자? 아다 양 뻐를루 라기

그것뿐인가요? 또 필요하신 것이 있으신가요?

A ⑤ Saya perlu _____ juga.

사야 뻐를루 한둑 주가

저는 수건도 필요합니다.

B ⑥ _____ lagi?

아빠 라기

또 뭐가 있으신가요?

정답
① sebentar
② Mengapa
③ gigi
④ perlu
⑤ handuk
⑥ Apa

Saya perlu
사야 뻐를루

저는 ～할 필요가 있습니다/～가 필요합니다.

Jepang 일본
즈빵

kacamata 안경
까짜마따

membatalkan ～을 취소하다
멈바딸깐

pesanan 예약, 주문, 메시지, 메모
쁘산안

• Saya perlu belajar bahasa Jepang.
사야 뻐를루 블라자르 바하사 즈빵

저는 일본어를 공부할 필요가 있습니다.

• Saya perlu pakai kacamata.
사야 뻐를루 빠까이 까짜마따

저는 안경을 쓸 필요가 있습니다.

• Saya perlu membatalkan pesanan.
사야 뻐를루 멈바딸깐 쁘산안

저는 예약/주문을 취소할 필요가 있습니다.

• Saya perlu Kim-chi.
사야 뻐를루 김치

저는 김치가 필요합니다.

• Saya perlu dia.
사야 뻐를루 디아

저는 그녀가 필요합니다.

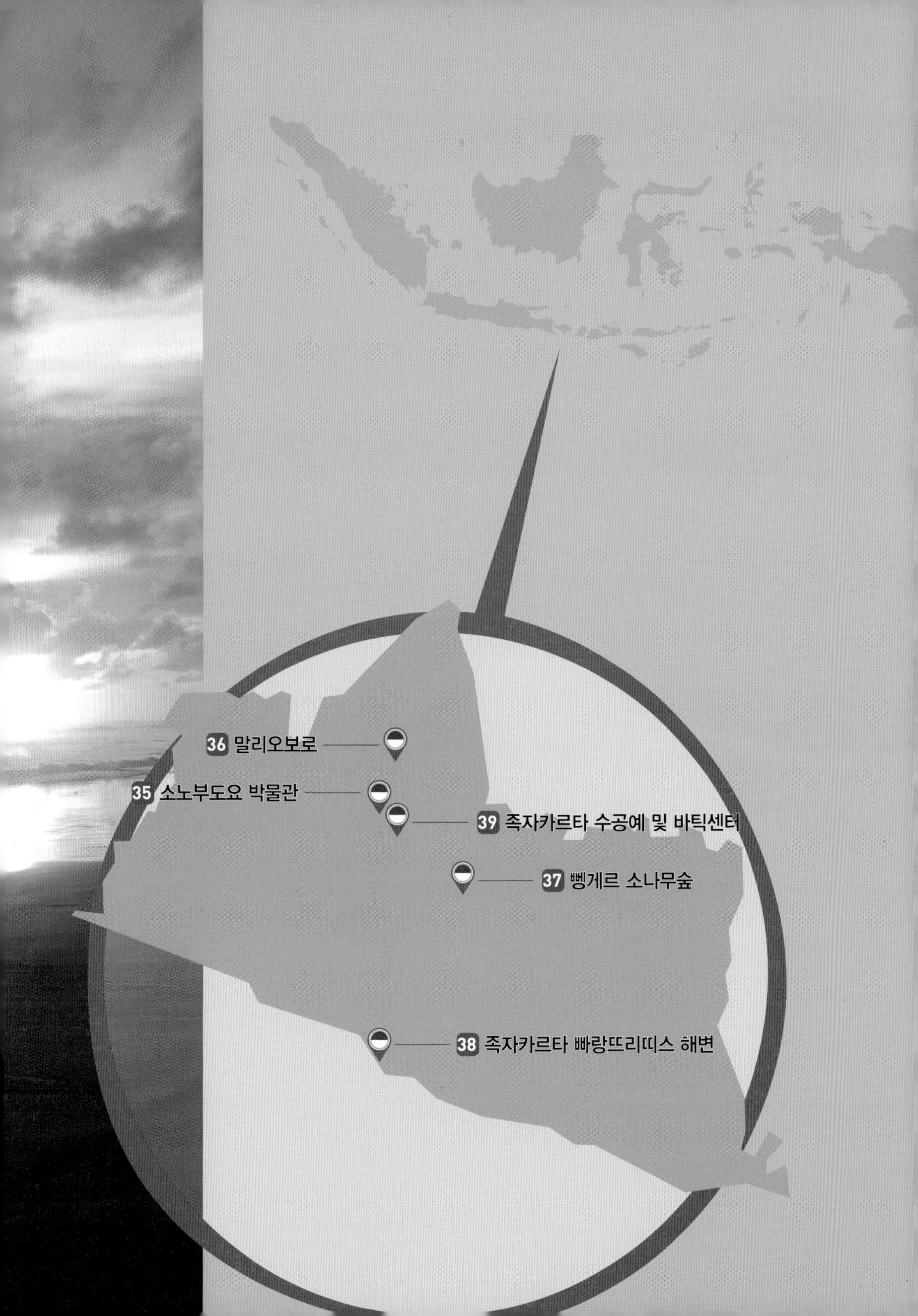

36 말리오보로
35 소노부도요 박물관
39 족자카르타 수공예 및 바틱센터
37 뻥게르 소나무숲
38 족자카르타 빠랑뜨리띠스 해변

35 소노부도요 박물관
(Musium Sonobudoyo)

▶ 오늘 배울 내용은 사진 찍기

족자카르타 끄라톤 북쪽 입구의 맞은편에 위치한 소노부도요 박물관은 1935년 건축되었으며 전통적인 목조 건물로 지어졌다. 자카르타의 중앙박물관 다음으로 소장품이 많으며 8~10세기에 제작된 것으로 추정되는 청동기와 석상, 창과 칼 등 옛 무기들이 전시되어 있다. 이밖에도 가믈란을 비롯한 전통악기와 베다야 무용수의 모형, 네덜란드 시절 사용된 대포 등 자바섬의 유물들과 전통문화와 관련된 유물들을 볼 수 있다.

원어민의 음성을
들어보세요.

🎵 Indonesia_35.mp3

A Boleh minta tolong fotokan saya?

볼레ㅎ 민따 똘롱 포또깐 사야

저의 사진을 찍어달라고 요청해도 될까요?

B Ya, mau mengambil fotonya di mana?

야 마우 멍암빌 포또냐 디 마나

네, 어디에서 사진 찍고 싶으세요?

A Minta di depan patung ini.

민따 디 드빤 빠뚱 이니

이 조각상 앞에서 찍어주세요.

B Oke, ini dia. Satu, dua, tiga, Senyum!

오케 이니 디아 사뚜 두아 띠가 스늄

알겠어요. 여기 있군요. 하나, 둘, 셋, "미소!"

A Apakah hasilnya bagus?

아빠까ㅎ 하실냐 바구스

잘 나왔나요?

B Kelihatannya bagus.

끌리핫딴냐 바구스

좋아 보이네요.

단어

tolong 돕다
똘롱

memfotokan 사진찍다
멈포또깐

mengambil 가져가다, 잡다,
멍암빌   취하다

foto 사진
포또

patung 조각상
빠뚱

senyum 미소
스늄

hasil 결과
하실

kelihatannya 보기에
끌리핫딴냐

tekan 누르다
뜨깐

tombol 버튼
똠볼

여행지에서 활용할 수 있는
랜드마크 실전여행 문장을
소리 내어 따라 해 보세요.

- **Minta fotokan kami.**
  민따 포또깐 까미
  저희 사진을 찍어주시겠어요?

  → **Ya, mau di mana?**
  야, 마우 디 마나
  네, 어디에서 찍길 원하세요?

- **Bolehkah saya minta foto bersama Anda?**
  볼레ㅎ까ㅎ 사야 민따 포또 버르사마 안다
  함께 사진을 찍어도 될까요?

  → **Boleh.**
  볼레ㅎ
  그러시죠.

- **Apa saya boleh foto di sini?**
  아빠 사야 볼레ㅎ 포또 디 시니
  제가 여기에서 사진을 찍어도 될까요?

  → **Maaf, tapi tidak boleh.**
  마아프, 따삐 띠닥 볼레ㅎ
  죄송하지만 안 됩니다.

- **Minta tekan tombol hitam yang ada di sini.**
  민따 뜨깐 똠볼 히땀 양 아다 디 시니
  여기에 있는 검정색 버튼을 눌러주시면 됩니다.

  → **Ya. Saya tahu.**
  야, 사야 따우
  네, 알고 있습니다.

쉬어가기

오늘 랜드마크 실전여행에서
사용한 단어를 확장해보세요.
* 단어 Tip: 숫자 II

- **sebelas** 11
  스블라스
- **duabelas** 12
  두아블라스
- **tigabelas** 13
  띠가블라스
- **empatbelas** 14
  음빳블라스
- **limabelas** 15
  리마블라스

- **enambelas** 16
  으남블라스
- **tujuhbelas** 17
  뚜주ㅎ블라스
- **delapanbelas** 18
  들라빤블라스
- **sembilanbelas** 19
  슴빌란블라스
- **dua puluh** 20
  두아 뿔루ㅎ

일지쓰기

➡ 랜드마크에서 대화한 내용을
떠올리며 빈칸을 채워보세요.

A ① Boleh minta tolong _____ saya?

볼레ㅎ 민따 똘롱 포또깐 사야

저의 사진을 찍어달라고 요청해도 될까요?

B ② Ya, mau _____ fotonya di mana?

야 마우 멍암빌 포또냐 디 마나

네, 어디에서 사진 찍고 싶으세요?

A ③ Minta di depan _____ ini.

민따 디 드빤 빠뚱 이니

이 조각상 앞에서 찍어주세요.

B ④ Oke, ini _____. Satu, dua, tiga, "Senyum!".

오케 이니 디아 사뚜 두아 띠가 스늄

알겠어요. 여기 있군요. 하나, 둘, 셋, "미소!"

A ⑤ Apakah hasilnya _____?

아빠까ㅎ 하실냐 바구스

잘 나왔나요?

B ⑥ _____ bagus.

끌리핫딴냐 바구스

좋아 보이네요.

정답
- ① fotokan
- ② mengambil
- ③ patung
- ④ dia
- ⑤ bagus
- ⑥ Kelihatannya

Apakah Anda
아빠까ㅎ 안다

당신은 ~입니까?

---

pernah ~해본 적 있다.
빠르나ㅎ

Korea Selatan 남한
꼬레아 슬라딴

cocok 적당한, 적합한, 알맞은
쪼쪽

dengan ~와 함께, ~를 타고, (도구)~로
등안

menikah 결혼하다
머니까ㅎ

• Apakah Anda orang Indonesia?
아빠까ㅎ 안다 오랑 인도네시아

당신은 인도네시아 사람입니까?

• Apakah Anda bisa bahasa Inggris?
아빠까ㅎ 안다 비사 바하사 잉그리스

당신은 영어를 할 수 있습니까?

• Apakah Anda pernah ke Korea Selatan?
아빠까ㅎ 안다 빠르나ㅎ 끄 꼬레아 슬라딴

당신은 한국에 가본 적 있습니까?

• Apakah Anda cocok dengan ini?
아빠까ㅎ 안다 쪼쪽 등안 이니

당신에게 이것이 잘 어울립니까(맞습니까)?

• Apakah Anda sudah menikah?
아빠까ㅎ 안다 수다ㅎ 머니까

당신은 결혼하셨습니까?

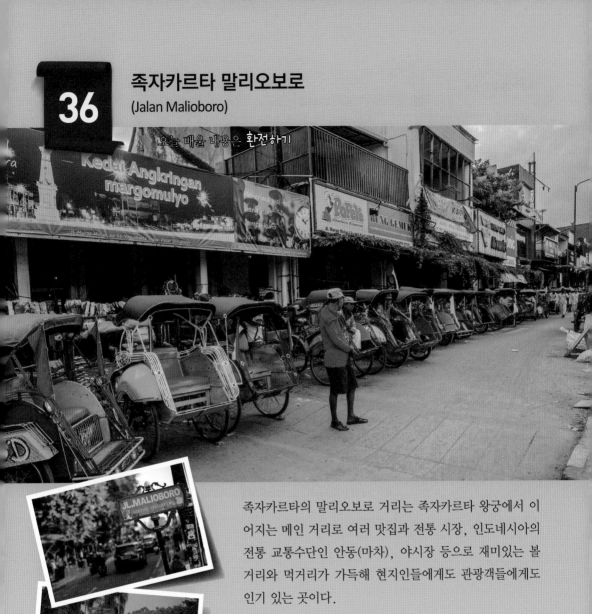

36 족자카르타 말리오보로
(Jalan Malioboro)

오늘 배울 내용은 환전하기

족자카르타의 말리오보로 거리는 족자카르타 왕궁에서 이어지는 메인 거리로 여러 맛집과 전통 시장, 인도네시아의 전통 교통수단인 안동(마차), 야시장 등으로 재미있는 볼거리와 먹거리가 가득해 현지인들에게도 관광객들에게도 인기 있는 곳이다.

원어민의 음성을
들어보세요.

🎵 Indonesia_36.mp3

A Saya mau menukar uang.

사야 마우 머누까르 우앙

저는 환전하고 싶어요.

B Rupiah sudah habis?

루삐아ㅎ 수다ㅎ 하비스

루피아를 다 썼나요?

A Ya, sekarang tinggal dolar saja.

야, 스까랑 띵갈 돌라르 사자

네, 지금 달러밖에 안 남았어요.

B Mari kita tanya kepada dia.

마리 끼따 따냐 끄빠다 디아

우리 저 사람에게 물어봅시다.

A Ya, itu ide bagus.

야, 이뚜 이데 바구스

네, 그것 좋은 생각이군요.

B Permisi, Money Changer ada di mana?

뻐르미시, 머니 체인저르 아다 디 마나

실례합니다. 환전소가 어디에 있나요?

단어

· menukar 교환하다
  머누까르

· habis 다 쓰다
  하비스

· tinggal 남다
  띵갈

· dolar 달러
  돌라르

· mari kita (우리) ~하자
  마리 끼따

· kepada ~에게
  끄빠다

· ide 생각
  이데

· Money Changer 환전소
  머니 체인저르

· kurs 환율
  꾸르스

· valuta 환율
  발루따

여행지에서 활용할 수 있는
랜드마크 실전여행 문장을
소리 내어 따라 해 보세요.

- **Kursnya berapa hari ini?**
  꾸르스냐 버라빠 하리 이니
  오늘 환율이 어떻게 되나요?

  → **Valuta adalah Rp11.000.**
  발루따 아달라ㅎ 스블라스 리부
  환율은 11,000 루피아입니다.

- **Itu terlalu mahal. Ada diskon?**
  이뚜 떠르랄루 마할. 아다 디스꼰
  너무 비싸네요. 할인되나요?

  → **Mau tukar berapa?**
  마우 뚜까르 버라빠
  얼마나 환전하실 거죠?

- **Apa itu?**
  아빠 이뚜
  그것이 무엇인가요?

  → **Itu namanya Andong.**
  이뚜 나마냐 안동
  그것은 이름이 안동입니다.

- **Waktunya berapa lama?**
  왁뚜냐 버라빠 라마
  시간이 얼마나 걸리나요?

  → **Sekitar 20 menit.**
  스끼따르 두아뿔루ㅎ 므닛
  대략 20분이요.

쉬어가기

오늘 랜드마크 실전여행에서
사용한 단어를 확장해보세요.
* 단어 Tip: 신체 부위 II

- **rambut** 머리카락
  람봇
- **dada** 가슴
  다다
- **pinggul / pantat** 엉덩이
  삥굴   빤땃
- **pinggang** 허리
  삥강
- **paha** 허벅지
  빠하

- **bahu** 어깨
  바후
- **lengan** 팔
  렝안
- **jari** 손가락
  자리
- **kuku** 손톱
  꾸꾸

랜드마크에서 대화한 내용을
떠올리며 빈칸을 채워보세요.

A ① Saya mau _____ uang.

사야 마우 머누까르 우앙

저는 환전하고 싶어요.

B ② _____ sudah habis?

루삐아ㅎ 수다ㅎ 하비스

루피아를 다 썼나요?

A ③ Ya, sekarang _____ dolar saja.

야, 스까랑 띵갈 돌라르 사자

네, 지금 달러밖에 안 남았어요.

B ④ _____ kita tanya kepada dia.

마리 끼따 따냐 끄빠다 디아

우리 저 사람에게 물어봅시다.

A ⑤ Ya, itu _____ bagus.

야, 이뚜 이데 바구스

네, 그것 좋은 생각이군요.

B ⑥ Permisi, _____ Changer ada di mana?

빠르미시, 머니 체인저르 아다 디 마나

실례합니다. 환전소가 어디에 있나요?

정답
① menukar
② Rupiah
③ tinggal
④ Mari
⑤ ide
⑥ Money

Mari kita
마리 끼따

자, ～합시다!

- mengatasi 극복하다
  멍아따시
- melihat 보다
  믈리핫
- mencari 찾다
  믄짜리

- teman 친구
  뜨만
- kalimat 문장
  깔리맛

- **Mari kita mengatasi.**
  마리 끼따 멍아따시
  자, 이겨냅시다!

- **Mari kita tidak takut.**
  마리 끼따 띠닥 따꿋
  자, 두려워하지 맙시다!

- **Mari kita melihat sebentar.**
  마리 끼따 믈리핫 스븐따르
  자, 잠시 봅시다!

- **Mari kita mencari teman.**
  마리 끼따 믄짜리 뜨만
  자, 친구를 찾아봅시다!

- **Mari kita ingat kalimat ini.**
  마리 끼따 잉앗 깔리맛 이니
  자, 이 문장을 기억합시다!

37

뻥게르 소나무숲
(Hutan Pinus Pengger)

오늘 배울 내용은 질문하기

손바닥 포토존, 새둥지 포토존, 엄지손가락 등으로 유명한 뻥게르 소나무 숲은 포토존만 멋있는 것이 아니라 전망대로서도 그 역할을 톡톡히 한다. 아름다운 풍경이 내려다보이는 이곳은 족자카르타 필수 관광명소 중 하나이다. 울창한 나무들이 즐비해있어 인도네시아의 자연을 만끽하기에 그만이다.

이번 랜드마크에서는 어떤 대화를 하는지
먼저 살펴볼까요?

 원어민의 음성을
들어보세요.

Indonesia_37.mp3

단어

- buah 과일, 열매
  부아ㅎ
- durian 두리안
  두리안
- kupas 껍질을 깎다
  꾸빠스
- isi 내용, 내용물
  이시
- menggunakan 사용하다
  멍구나깐
- potong 자르다
  뽀똥
- pisau 칼
  삐사우
- mengganti 바꾸다
  멍간띠
- menjaga 지키다
  먼자가
- lingkungan 환경
  링꿍안
- buang 버리다
  부앙
- sampah 쓰레기
  삼빠ㅎ

A Apa ini?

아빠 이니

이것은 무엇인가요?

B Ini buah.

이니 부아ㅎ

이것은 과일입니다.

A Namanya apa?

나마냐 아빠

이름이 무엇인가요?

B Namanya durian.

나마냐 두리안

이름이 두리안이에요.

A Bagaimana cara makan ini?

바가이마나 짜라 마깐 이니

어떻게 먹는 것인가요?

B Kupas dulu dan makan isinya.

꾸빠스 둘루 단 마깐 이시냐

껍질을 까서 안에 있는 것을 먹으면 됩니다.

실전여행

여행지에서 활용할 수 있는
랜드마크 실전여행 문장을
소리 내어 따라 해 보세요.

- **Bagaimana cara menggunakan ini?**
  바가이마나 짜라 멍구나깐 이니
  어떻게 사용하는 건가요?

  → Potong dengan pisau.
  뽀똥 등안 삐사우
  칼로 자르세요.

- **Bagaimana cara perginya?**
  바가이마나 짜라 뻬르기냐
  어떻게 가나요?

  → Dengan taksi.
  등안 딱시
  택시 타고요.

- **Bagaimana cara mengganti Bahasa?**
  바가이마나 짜라 멍간띠 바하사
  어떻게 언어를 바꾸나요?

  → Tekan tombol ini saja.
  뜨깐 똠볼 이니 사자
  이 버튼을 누르시기만 하면 됩니다.

- **Bagaimana cara menjaga lingkungan?**
  바가이마나 짜라 먼자가 링꿍안
  어떻게 환경을 지키나요?

  → Jangan buang sampah sembarangan.
  장안 부앙 삼빠ㅎ 슴바랑안
  마음대로 쓰레기를 버리지 마세요.

쉬어가기

오늘 랜드마크 실전여행에서
사용한 단어를 확장해보세요.
* 단어 Tip: 형용사의 반대말 II

cantik 예쁜 짠띡	⟷	jelek 못생긴 즐렉
bagus 좋은 바구스	⟷	buruk 나쁜 부룩
pintar 똑똑한 삔따르	⟷	bodoh 멍청한 보도ㅎ
susah 어려운 수사ㅎ	⟷	mudah 쉬운 무다ㅎ
lembut 부드러운 름붓	⟷	keras 딱딱한 끄라스

일지쓰기

랜드마크에서 대화한 내용을 떠올리며 빈칸을 채워보세요.

A ① _____?

아빠 이니

이것은 무엇인가요?

B ② Ini _____.

이니 부아ㅎ

이것은 과일입니다.

A ③ _____ apa?

나마냐 아빠

이름이 무엇인가요?

B ④ Namanya _____.

나마냐 두리안

이름이 두리안이에요.

A ⑤ _____ makan ini?

바가이마나 짜라 마깐 이니

어떻게 먹는 것인가요?

B ⑥ _____ dulu dan makan isinya.

꾸빠스 둘루 단 마깐 이시냐

껍질을 까서 안에 있는 것을 먹으면 됩니다.

정답
① Apa ini
② buah
③ Namanya
④ durian
⑤ Bagaimana cara
⑥ Kupas

209

➡️ 이 정도 한 마디는
랜드마크에서 꼭 해봐요.
패턴으로 완벽 암기하세요.

Apa
아빠?
무엇/무슨?

- warna 색깔
  와르나
- lagu 노래
  라구
- maksud 의향, 의도, 의미
  막숟

- kelebihan 장점
  끌르비한

- **Apa warna ini?**
  아빠 와르나 이니
  이것은 무슨 색깔인가요?

- **Apa lagu ini?**
  아빠 라구 이니
  이것은 무슨 노래인가요?

- **Apa maksud Anda?**
  아빠 막숟 안다
  무슨 말씀인가요?

- **Apa kelebihan Anda?**
  아빠 끌르비한 안다
  당신의 장점은 무엇인가요?

- **Hari ini hari apa?**
  하이 이니 하리 아빠
  오늘은 무슨 요일인가요?

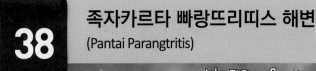

38 족자카르타 빠랑뜨리띠스 해변
(Pantai Parangtritis)

오늘 배울 내용은 추천 관광지 물어보기

검은 모래가 인상적이고 석양이 너무나 아름다운 빠랑뜨리띠스 해변은 족자카르타 시내에서 30km 정도 떨어진 곳에 위치해있다. 이곳의 모래는 너무나 고와서 신발을 벗고 맨발로 걷는 느낌이 부드럽고 간지러워 자연이 주는 행복을 만끽할 수 있게 해 준다. 빠랑뜨리띠스 해변은 검은 모래시장 위에 하늘이 비칠 때도 아름답지만 해가 완전히 진 뒤 깜깜한 밤하늘에 쏟아질 듯 떠있는 수많은 별을 바라보는 것도 굉장히 좋다.

미리보기

이번 랜드마크에서는 어떤 대화를 하는지
먼저 살펴볼까요?

 원어민의 음성을
들어보세요.

Indonesia_38.mp3

A Minta rekomendasi pantai yang bagus.

민따 레꼬멘다시 빤따이 양 바구스

좋은 해변을 추천해주세요.

B Saya rekomendasi Pantai Parangtritis.

사야 레꼬멘다시 빤따이 빠랑뜨리띠스

저는 빠랑뜨리띠스 해변을 추천합니다.

A Sebaiknya pergi pada malam atau pada siang?

스바익냐 뻐르기 빠다 말람 아따우 빠다 씨앙

밤에 가는 게 더 좋을까요, 아니면 오전에 가는 게 더 좋을까요?

B Menurut saya, pada malam hari lebih bagus.

머누룻 사야, 빠다 말람 하리 르비ㅎ 바구스

저는 밤이 더 좋던데요.

A Ada apa di sana pada malam hari?

아다 아빠 디 사나 빠다 말람 하리

밤에 거기에는 무엇이 있나요?

B Anda bisa menikmati banyak bintang.

안다 비사 머닉마띠 바냑 빈땅

많은 별들을 즐기실 수 있습니다.

단어

- menurut ~에 따르면
  머누룻
- menikmati 즐기다
  머닉마띠
- bintang 별
  빈땅
- tersesat 길을 잃어버리다,
  떠르스삿   길을 잘못들다

- bantu 돕다
  반뚜
- terdekat 가장 가까운
  떠르드깟
- adalah 이다
  아달라ㅎ

212

여행지에서 활용할 수 있는
랜드마크 실전여행 문장을
소리 내어 따라 해 보세요.

- Saya tersesat.
  사야 떠르스삿
  저는 길을 잃었습니다.

  → Saya bisa bantu. Ikuti saya.
  사야 비사 반뚜. 이꿋띠 사야
  제가 도와드릴 수 있습니다. 저를 따라오세요.

- Saya sedang cari pantai yang terdekat.
  사야 스당 짜리 빤따이 양 떠르드깟
  저는 가장 가까운 해변을 찾고 있습니다.

  → Yang paling dekat adalah Pantai Parangtritis.
  양 빨링 드깟 아달라ㅎ 빤따이 빠랑뜨리띠스
  가장 가까운 것은 빠랑뜨리띠스 해변입니다.

- Apa saya bisa berenang di pantai?
  아빠 사야 비사 버르낭 디 빤따이
  해변에서 수영할 수 있나요?

  → Ya, bisa.
  야, 비사
  네, 됩니다.

- Apakah saya harus bisa berenang?
  아빠까ㅎ 사야 하루스 비사 버르낭
  제가 수영을 할 줄 알아야 하나요?

  → Tidak. Anda tidak harus berenang.
  띠닥. 안다 띠닥 하루스 버르낭
  아닙니다. 당신은 꼭 수영을 할 수 있어야 하는 것은 아닙니다.

쉬어가기

오늘 랜드마크 실전여행에서
사용한 단어를 확장해보세요.
* 단어 Tip: 야채 이름 II

bawang merah 양파 바왕 메라ㅎ	**jahe** 생강 자헤
cabai 고추 짜바이	**labu** 호박 라부
bayam 시금치 바얌	**lobak** 무 로박
bawang putih 마늘 바왕 뿌띠ㅎ	**terong** 가지 뜨롱
beras 쌀 브라스	

일지쓰기

➡️ 랜드마크에서 대화한 내용을 떠올리며 빈칸을 채워보세요.

A ① Minta _____ pantai yang bagus.

민따 레꼬멘다시 빤따이 양 바구스

좋은 해변을 추천해주세요.

B ② Saya rekomendasi _____ Parangtritis.

사야 레꼬멘다시 빤따이 빠랑뜨리띠스

저는 빠랑뜨리띠스 해변을 추천합니다.

A ③ Sebaiknya _____ pada malam atau pada siang?

스바익냐 빠르기 빠다 말람 아따우 빠다 씨앙

밤에 가는 게 더 좋을까요, 아니면 오전에 가는 게 더 좋을까요?

B ④ _____ saya, pada malam hari lebih bagus.

머누룻 사야, 빠다 말람 하리 르비ㅎ 바구스

저는 밤이 더 좋던데요.

A ⑤ Ada apa di sana _____ malam hari?

아다 아빠 디 사나 빠다 말람 하리

밤에 거기에는 무엇이 있나요?

B ⑥ Anda bisa menikmati banyak _____.

안다 비사 머닉마띠 바냑 빈땅

많은 별들을 즐기실 수 있습니다.

정답
① rekomendasi
② Pantai
③ pergi
④ Menurut
⑤ pada
⑥ bintang

이 정도 한 마디는
랜드마크에서 꼭 해봐요.
패턴으로 완벽 암기하세요.

A atau B

아 아따우 베

A 또는 B

- gambar 그림, 삽화
  감바르
- mirip 비슷한
  미립
- jeruk 귤
  즈룩

- anggur 포도
  앙구르
- monyet 원숭이
  모녯

- ## Gambar itu mirip atau sama?
  감바르 이뚜 미립 아따우 사마

  그 그림은 비슷한가요, 아니면 똑같은가요?

- ## Anda mau jeruk atau anggur?
  안다 마우 즈룩 아따우 앙구르

  당신은 귤을 원하나요, 아니면 포도를 원하나요?

- ## Apa itu orangutan atau monyet?
  아빠 이뚜 오랑우딴 아따우 모녯

  그것은 우랑우탄인가요, 아니면 원숭이인가요?

- ## Anda mau kuning atau biru?
  안다 마우 꾸닝 아따우 비루

  당신은 노란색을 원하시나요, 아니면 파란색으로 원하시나요 ?

- ## Orang itu orang dewasa atau anak kecil?
  오랑 이뚜 오랑 데와사 아따우 아낙 끄찔

  저 사람은 어른인가요 아니면 아이인가요 ?

족자카르타 수공예 및 바틱센터

(Balai Besar Kerajinan Dan Batik)

▶ 오늘 배울 내용은 소지품을 맡길 때 쓰는 표현들

족자카르타는 목공예 및 은세공품뿐만 아니라 바틱으로도 유명한 곳이다. 족자카르타에 위치한 '수공예 및 바틱 센터'는 바틱과 직조 등 인도네시아의 대표적 수공예 기술의 표준화와 과학화, 훈련 및 자문 등과 관련한 업무를 담당하는 정부기관의 연구소이다. 이곳에서는 수작업으로 문양을 찍거나 그리는 과정들을 자세히 볼 수 있으며 어떤 도구들을 사용하는지, 어떻게 염색하는지 등도 볼 수 있다.

미리보기

이번 랜드마크에서는 어떤 대화를 하는지
먼저 살펴볼까요?

 원어민의 음성을
들어보세요.

Indonesia_39.mp3

A Apakah saya boleh titip tas saya?

아빠까ㅎ 사야 볼레ㅎ 띠띱 따스 사야

가방을 맡길 수 있나요?

B Ya, silakan. Atas nama siapa?

야, 실라깐. 아따스 나마 시아빠

네, 그러세요. 누구의 이름으로 맡기시겠어요?

A Nama saya Lina.

나마 사야 리나

저의 이름은 리나입니다.

B Ini nomor Anda. Anda harus simpan ini.

이니 노모르 안다. 안다 하루스 심빤 이니

이것은 당신의 번호입니다. 이것을 가지고 계셔야 합니다.

A Baik.

바익

알겠습니다.

B Silakan menikmati.

실라깐 머닉마띠

즐겁게 관람하세요.

단어

- titip 맡기다
  띠띱
- simpan 저장하다
  심빤
- bahaya 위험한
  바하야
- aman 안전한
  아만
- jangan ~하지 마라
  장안
- khawatir 걱정하는
  카와띠르
- sentuh 만지다, 건드리다
  슨뚜ㅎ

217

➡️ 여행지에서 활용할 수 있는
랜드마크 실전여행 문장을
소리 내어 따라 해 보세요.

- **Apa itu bahaya?**
  아빠 이뚜 바하야
  위험한가요?

  →Tidak. Itu tidak bahaya.
  띠닥. 이뚜 띠닥 바하야
  아닙니다. 그것은 위험하지 않습니다.

- **Di sini aman?**
  디 시니 아만
  여기는 안전한가요?

  →Ya, jangan khawatir.
  야, 장안 카와띠르
  네, 걱정 마세요.

- **Minta tolong.**
  민따 똘롱
  도와주세요.

  →Ada apa?
  아다 아빠
  무슨 일이신가요?

- **Saya boleh sentuh?**
  사야 볼레ㅎ 슨뚜ㅎ
  제가 만져봐도 될까요?

  →Ya, kalau mau, cobalah.
  야, 깔라우 마우, 쪼발라ㅎ
  네, 원하시면 만져보세요

쉬어가기

➡️ 오늘 랜드마크 실전여행에서
사용한 단어를 확장해보세요.
* 단어 Tip: 과일 이름

apel 사과 아뻴	delima 석류 들리마
pisang 바나나 삐상	jeruk 귤, 오렌지 즈룩
anggur 포도 앙구르	manggis 망고스틴 망기스
alpukat 아보카도 알뿌깟	nanas 파인애플 나나스

218

랜드마크에서 대화한 내용을
떠올리며 빈칸을 채워보세요.

> A　①Apakah saya boleh _____ tas _____?

아빠까ㅎ 사야 볼레ㅎ 띠띱 따스 사야

가방을 맡길 수 있나요?

> B　②Ya, silakan. _____ nama siapa?

야, 실라깐. 아따스 나마 시아빠

네, 그러세요. 누구의 이름으로 맡기시겠어요?

> A　Nama saya Lina.

나마 사야 리나

저의 이름은 리나입니다.

> B　③Ini _____ Anda. Anda harus _____ ini.

이니 노모르 안다. 안다 하루스 심빤 이니

이것은 당신의 번호입니다. 이것을 가지고 계셔야 합니다.

> A　Baik.

바익

알겠습니다.

> B　④Silakan _____.

실라깐 머닉마띠

즐겁게 관람하세요.

정답
① titip / saya
② Atas
③ nomor / simpan
④ menikmati

Silakan
실라깐

어서/부디/아무쪼록 ～하여 주십시오.

- duluan 먼저
  둘루안
- duduk 앉다
  두둑
- masuk 들어오다, 들어가다
  마숙

- menikmati 만끽하다, 즐기다, 경험하다
  머닉마띠
- bersama 함께, 함께하다, 다같이
  버르사마

- Silakan makan duluan.
  실라깐 마깐 둘루안
  먼저 드세요.

- Silakan duduk.
  실라깐 두둑
  어서 앉으세요.

- Silakan masuk.
  실라깐 마숙
  어서 들어오세요.

- Silakan menikmati.
  실라깐 머닉마띠
  즐거운 시간 보내세요.

- Silakan pergi lebih dulu bersama Siti.
  실라낀 뻬르기 르비ㅎ 둘루 버르사마 시띠
  시띠와 함께 먼저 가세요.

족자카르타는 자카르타의 동남쪽에 위치해 있으며 국립 가자마다대학교를 비롯한 여러 대학과 전문학교들이 모여있는 교육도시이자 인도네시아의 귀중한 고대 유적이 많아 사람들이 많이 찾는 관광도시이고 인도네시아에서 전통 문화와 역사가 가장 잘 보존되고 있는 역사의 도시이기도 하다. 금, 은 세공 등의 공예상품과 인도네시아 전통의복인 바틱이 유명하며 피혁, 담배, 설탕 등의 제조업이 발달한 곳이다.

반둥

40 반둥 땅꾸반 쁘라후 화산
(Tangkuban Perahu)

오늘 배울 내용은 관광지에 가고자 할 때 쓰는 표현들

반둥에서 약 20킬로 정도 북쪽에 위치한 땅꾸빤 뿌라후 화산은 반둥 시내에서 바라보면 정상부가 꼭 배를 뒤집어 놓은 모양과 비슷하다고 해서 지어진 이름의 활화산이다. 차량으로 정상까지 올라갈 수 있으며 온천으로 족욕도 하고 유황온천의 뜨거운 물로 익힌 유황 계란도 맛볼 수 있다.

미리보기

이번 랜드마크에서는 어떤 대화를 하는지
먼저 살펴볼까요?

원어민의 음성을
들어보세요.

Indonesia_40.mp3

A **Sekarang saya mau ke Tangkuban Perahu.**

스까랑 사야 마우 끄 땅꾸반 쁘라후

지금 저는 땅꾸반 쁘라후 화산에 가려고 합니다.

B **Apakah Anda mau diantar?**

아빠까ㅎ 안다 마우 디안따르

모셔다 드릴까요?

A **Ya, kalua Anda bisa. Anda ada waktunya?**

야, 깔라우 안다 비사. 안다 아다 왁뚜냐

네, 가능하시면요. 시간이 있으신가요?

B **Ya. Saya bisa.**

야, 사야 비사

네, 가능합니다.

A **Oh, terima kasih sekali.**

오, 뜨리마 까시ㅎ 스깔리

아, 정말 감사합니다.

B **Sama-sama.**

사마-사마

천만에요.

단어

antar 데려가다, 배웅하다
안따르

diantarkan 배달되다,
디안따린   안내를 받다

jemput 데려오다, 마중하다
즘뿟

dijemput 마중받다
디즘뿟

maksud 의도, 의미, 의향
막숟

maksudnya 말하자면,
막숟냐   그러니까,
            ~라고요?

Bapak 2인칭 어른 남자를
바빡   높여 부르는 말

di depan 앞에
디드빤

225

여행지에서 활용할 수 있는
랜드마크 실전여행 문장을
소리 내어 따라 해 보세요.

- **Saya minta jemput.**
  사야 민따 즘뿟
  저를 데리러 와주세요.

  → **Tunggu sebentar.**
  뚱구 스븐따르
  잠시만 기다려주세요.

- **Saya mau dijemput di depan mal.**
  사야 마우 디즘뿟 디 드빤 몰
  백화점 앞에서 저를 픽업해주셨으면 합니다.

  → **Maunya kapan?**
  마우냐 까빤
  원하시는 게 언제인가요?

- **Kapan Bapak bisa jemput saya?**
  까빤 바빡 비사 즘뿟 사야
  언제 저를 데리러 오실 수 있으신가요?

  → **Jam 3 sore.**
  잠 띠가 소레
  오후 3시요.

- **Jam berapa Bapak bisa tiba di sini?**
  잠 버라빠 바빡 비사 띠바 디 시니
  몇 시에 여기에 도착하실 수 있나요?

  → **Maksudnya untuk jemput Anda?**
  막숟냐 운뚝 즘뿟 안다
  당신을 모시러 오는 것 말씀이신가요?

오늘 랜드마크 실전여행에서
사용한 단어를 확장해보세요.
* 단어 Tip: 빈도부사 I

- selalu 항상
  슬랄루
- biasanya 보통, 대개
  비아사냐
- sering 자주
  스링

- kadang-kadang 가끔씩
  까당-까당
- jarang 거의~않는
  자랑
- tidak sama sekali
  띠닥 사마 스깔리   결코 ~아닌

랜드마크에서 대화한 내용을
떠올리며 빈칸을 채워보세요.

A Sekarang saya mau ke Tangkuban
Perahu.

스까랑 사야 마우 끄 땅꾸반 쁘라후

지금 저는 땅꾸반 쁘라후 화산에 가려고 합니다.

B ① Apakah Anda mau _____?

아빠까ㅎ 안다 마우 디안따르

모셔다 드릴까요?

A ② Ya, _____ Anda bisa. Anda ada
waktunya?

야, 깔라우 안다 비사. 안다 아다 왁뚜냐

네, 가능하시면요. 시간이 있으신가요?

B ③ Ya. Saya _____.

야, 사야 비사

네, 가능합니다.

A ④ Oh, _____ kasih sekali.

오, 뜨리마 까시ㅎ 스깔리

아, 정말 감사합니다.

B ⑤ _____.

사마-사마

천만에요.

정답
----
① diantar
② kalua
③ bisa
④ terima
⑤ Sama-sama.

227

➡ 이 정도 한 마디는
랜드마크에서 꼭 해봐요.
패턴으로 완벽 암기하세요.

Apakah Anda mau
아빠까ㅎ 안다 마우

당신은 ~을 원합니까?

- perusahaan 회사
  뻐르우사하안
- asing 외국의
  아싱
- memasak 요리하다
  머마삭

- jadi ~가되다
  자디
- pacar 남자친구, 여자친구, 애인
  빠짜르

• Apakah Anda mau bekerja di perusahaan asing?
아빠까ㅎ 안다 마우 버꺼르자 디 뻐르우사하안 아싱

당신은 외국계 회사에서 일하기를 원합니까?

• Apakah Anda mau dijemput?
아빠까ㅎ 안다 마우 디즘뿟

당신은 누가 당신을 데리러 가기를 원합니까?

• Apakah Anda mau memasak untuk kami?
아빠까ㅎ 안다 마우 머마삭 운뚝 까미

당신은 우리를 위해서 요리하는 것을 원합니까?

• Apakah Anda mau jadi pacar saya?
아빠까ㅎ 안다 마우 자디 빠짜르 사야

당신은 저의 애인이 되기를 원합니까?

• Apakah Anda mau menu?
아빠까ㅎ 안다 마우 메누

당신은 메뉴를 원합니까?

41 렘방
(Lembang)

오늘 배울 내용은 계산할 때 쓰는 표현들

인도네시아의 알프스라고도 불리는 렘방은 우마르 호수 공원에 만들어진 순다 전통식 수산시장(반둥 플로팅 마켓)과 팜하우스로 유명하다. 렘방의 수산시장은 원래는 저수지와 주민들이 낚시하는 곳으로 쓰였지만 지금은 여기저기를 예쁘게 꾸며놓고 호수에서 배도 타고 일본이나 한국의 전통 옷도 입어볼 수 있도록 하는 등 다양한 재미를 주어 현지인들도 많이 찾는 관광지이다. 그리고 렘방의 또 하나의 핫플레이스, 팜하우스는 영화 호빗을 테마로 잡아 많은 건물을 미니어처로 만들어 놓은 곳이다. 마치 동화 속에 들어온 듯한 느낌을 주는 이곳은 네덜란드의 식민지 지배를 받았던 역사적인 영향으로 네덜란드 풍의 건물이 많다.

미리보기

이번 랜드마크에서는 어떤 대화를 하는지
먼저 살펴볼까요?

 원어민의 음성을
들어보세요.

Indonesia_41.mp3

A Semuanya berapa?

스무아냐 버라빠

모두 다해서 얼마인가요?

B Semuanya jadi Rp150.000,00.

스무아냐 자디 스라뚜스 리마뿔루ㅎ 리부

모두 다해서 150,000루피아입니다.

A Bisa bayar dengan kartu kredit?

비사 바야르 등안 까르뚜 끄레딧

신용카드로 결제할 수 있나요?

B Tidak bisa. Mesinnya tidak ada.

띠닥 비사. 머신냐 띠닥 아다

불가능합니다. 기계가 없어요.

A Kalau begitu, hanya bisa dengan tunai?

깔라우 버기뚜, 하냐 비사 등안 뚜나이

그러면, 현금으로만 되나요?

B Ya, pakai tunai saja.

야, 빠까이 뚜나이 사자

네, 현금만 이용가능합니다.

단어

• jadi ~이 되다, ~을 이루어내다,
자디 그 결과 ~ 하게 되다

• mesin 기계
머신

• iya 네
이야

• kembalian 거스름돈, 돌려준 것
끔발리안

• uang kembali 거스름돈
우앙 끔발리

• kecil 작은
끄찔

• uang kecil 잔돈
우앙끄찔

• jajan 스낵
자잔

• uang jajan 용돈
우앙 자잔

• rokok 담배
로꼭

230

실전여행

여행지에서 활용할 수 있는
랜드마크 실전여행 문장을
소리 내어 따라 해 보세요.

- **Bisa bayar pakai tunai?**
  비사 바야르 빠까이 뚜나이
  현금을 사용해서 내도 되나요?

  → Iya. Tentu saja.
  이야. 뜬뚜 사자
  네. 물론입니다.

- **Minta uang kembalian.**
  민따 우앙 끔발리안
  거스름돈 주세요.

  → Maaf, sekarang tidak ada uang kecil.
  마아프, 스까랑 띠닥 아다 우앙 끄찔
  죄송합니다, 지금 잔돈이 없네요.

- **Ini buat uang jajan.**
  이니 부앗 우앙 자잔
  용돈으로 쓰세요.

  → Terima kasih.
  뜨리마 까시ㅎ
  감사합니다.

- **Ini buat rokok saja, pak.**
  이니 부앗 로꼭 사자 빡
  담뱃값으로 쓰세요.

  → Makasih ya.
  마까시ㅎ 야
  고맙습니다.

쉬어가기

오늘 랜드마크 실전여행에서
사용한 단어를 확장해보세요.
* 단어 Tip: 횟수 I

- satu kali(sekali) sehari
  사뚜 깔리(스깔리) 스하리　하루에 한 번

- dua kali seminggu
  두아 깔리 스밍구　　일주일에 두 번

- tiga kali sebulan
  띠가 깔리 스불란　　한 달에 세 번

- empat kali setahun
  음빳 깔리 스따훈　　일 년에 네 번

- lima kali per orang
  리마 깔리 뻐르 오랑　한 사람당 다섯 번

- enam kali per kata
  으남 깔리 뻐르 까따　한 단어당 여섯 번

- tujuh kali per kalimat
  뚜주ㅎ 깔리 뻐르 깔리맛 한 문장당 일곱 번

➡️ 랜드마크에서 대화한 내용을
떠올리며 빈칸을 채워보세요.

A Semuanya berapa?

스무아냐 버라빠

모두 다해서 얼마인가요?

B ① Semuanya _____ Rp150.000,00.

스무아냐 자디 스라뚜스 리마뿔루ㅎ 리부

모두 다해서 150,000루피아입니다.

A ② _____ bayar dengan kartu kredit?

비사 바야르 등안 까르뚜 끄레딧

신용카드로 결제할 수 있나요?

B ③ Tidak bisa. Mesinnya _____.

띠닥 비사. 머신냐 띠닥 아다

불가능합니다. 기계가 없어요.

A ④ Kalau begitu, _____ bisa dengan
_____?

깔라우 버기뚜, 하냐 비사 등안 뚜나이

그러면, 현금으로만 되나요?

B ⑤ Ya, pakai tunai _____.

야, 빠까이 뚜나이 사자

네, 현금만 이용 가능합니다.

정답

① jadi
② Bisa
③ tidak ada
④ hanya / tunai
⑤ saja

이 정도 한 마디는
랜드마크에서 꼭 해봐요.
패턴으로 완벽 암기하세요.

Semuanya
스무아냐

모두/전부/온통

- kebanjiran 홍수 피해를 입다. 홍수로 범람하다.
  끄반지란
- terlambat 늦다, 지각하다
  떠를람밧
- tertulis 인쇄되다, 쓰여지다, 기록되다
  떠르뚤리스

- salah 잘못된, 실수
  살라ㅎ

· **Semuanya** kebanjiran.

스무아냐 끄반지란

모두 홍수 피해를 입었습니다.

· **Semuanya** bagaimana?

스무아냐 바가이마나

모두 어떤가요?

· **Semuanya** sudah terlambat.

스무아냐 수다ㅎ 떠를람밧

모두가 이미 늦었습니다.

· **Semuanya** sudah tertulis.

스무아냐 수다ㅎ 떠르뚤리스

모든 것이 기록되었습니다.

· **Semuanya** salah saya.

스무아냐 살라ㅎ 사야

모든 것이 저의 잘못입니다.

반둥 사웅 앙꿀롱 우조
(Saung Angklung Udjo)

오늘 배울 내용은 관광 일정을 물어볼 때 쓰는 표현들

인도네시아의 인구 중 42%를 차지하는 자바족에 이어 두 번째로 많은 인구를 차지하는 순다족은 15% 정도로 자바 섬 반둥 지역에 많이 거주하고 있다. 반둥에 위치한 사웅 앙꿀롱 우조는 1966년 Udjo Ngalagena와 그의 아내 Uum Sumiyati가 공동으로 설립하였으며 인도네시아를 대표하는 전통 공연장이다. 이곳에서는 특히 앙꿀롱이라고 하는 대나무로 된 인도네시아의 전통악기로 연주하는 순다족의 전통 음악과 춤을 엿볼 수 있다. 약 1시간 30분 가량 진행되는 공연은 관객과 함께 하는 공연도 포함되어 있어 인도네시아의 전통 음악을 체험해 볼 수 있는 곳이라 추천하고 싶다.

원어민의 음성을
들어보세요.

📱 Indonesia_42.mp3

A Minta beri tahu jadwalnya.

민따 브리 따우 자드왈냐

일정을 알려주세요.

B Hari ini sibuk sekali. Kita harus pergi ke 10 tempat wisata.

하리 이니 시북 스깔리. 끼따 하루스 뻐르기 끄 스뿔루ㅎ 뜸빳 위사따

오늘은 아주 바빠요. 우리는 관광지 10곳을 가야합니다.

A Benarkah? Itu terlalu banyak. Nanti kecapaian.

브나르까ㅎ 이뚜 떠르랄루 바냑. 난띠 끄짜빠이안

정말입니까? 그것은 너무 많습니다. 나중에 너무 피곤해져요.

B Maksudnya Anda tidak setuju dengan jadwal ini?

막숟냐 안다 띠닥 스뚜주 등안 자드왈 이니

당신의 말씀은 이 일정에 동의하지 않는다는 것이지요?

A Ya, saya kurang setuju.

야, 사야 꾸랑 스뚜주

네, 별로 동의하지 않습니다.

B Kalau begitu, sebaiknya kita mengubahnya saja.

깔라우 버기뚜, 스바익냐 끼따 멍우바ㅎ냐 사자

그렇다면, 우리가 일정을 바꾸는 것이 더 좋겠네요.

단어

· jadwal 일정, 스케쥴
  자드왈
· sibuk 바쁜
  시북
· kecapaian 너무 피곤한
  끄짜빠이안
· setuju 동의하다
  스뚜주
· sebaiknya ～가 더 좋겠다,
  스바익냐   더 낫다

· mengubah 바꾸다,
  멍우바ㅎ   변화시키다

· dukungan 지지
  두꿍안
· sependapat 같은의견, 동의
  스쁜다빳
· sepakat 동의, 동의하다
  스빠깟
· yakin 확신하다
  야낀

여행지에서 활용할 수 있는
랜드마크 실전여행 문장을
소리 내어 따라 해 보세요.

- **Menurut saya, Anda benar.**
  머누룻 사야, 안다 브나르
  제 생각에 당신이 맞습니다.

  → Terima kasih atas dukungan Anda.
  뜨리마 까시ㅎ 아따스 두꿍안 안다
  지지해주셔서 감사합니다.

- **Ini terlalu mahal.**
  이니 떠르랄루 마할
  이것은 너무 비싸.

  → Aku sependapat.
  아꾸 스뻰다빳
  나도 같은 생각이야.

- **Anda pasti benar.**
  안다 빠스띠 브나르
  당신의 말이 확실히 맞습니다.

  → Apa Anda sepakat juga?
  아빠 안다 스빠깟 주가
  당신도 동의합니까?

- **Saya tidak yakin sepakat dengan Anda.**
  사야 띠닥 야낀 스빠깟 등안 안다
  제가 당신의 의견에 동의하는지 확신이 들지 않습니다.

  → Oh, begitu.
  오ㅎ, 버기뚜
  아, 그렇군요.

쉬어가기

오늘 랜드마크 실전여행에서
사용한 단어를 확장해보세요.
* 단어 Tip: 감정 I

- bahagia 행복한
  바하기아
- sedih 슬픈
  스디ㅎ
- takut 무서워하는
  따꿋
- jijik 역겨운, 혐오스러운
  지직

- marah 화난
  마라ㅎ
- terkejut 깜짝 놀란
  떠르끄줏
- cinta 사랑하는
  찐따
- benci 싫어하는
  븐찌

랜드마크에서 대화한 내용을
떠올리며 빈칸을 채워보세요.

A ① Minta beri tahu _____ .

민따 브리 따우 자드왈냐

일정을 알려주세요.

B ② Hari ini _____ sekali. Kita harus pergi ke 10 tempat wisata.

하리 이니 시북 스깔리. 끼따 하루스 뻐르기 끄 스뿔루ㅎ 뜸빳 위사따

오늘은 아주 바빠요. 우리는 관광지 10곳을 가야합니다.

A ③ Benarkah? Itu terlalu banyak. _____ kecapaian.

브나르까ㅎ 이뚜 떠르랄루 바냑. 난띠 끄짜빠이안

정말입니까? 그것은 너무 많습니다. 나중에 너무 피곤해져요.

B ④ _____ Anda tidak setuju dengan jadwal ini?

막순냐 안다 띠닥 스뚜주 등안 자드왈 이니

당신의 말씀은 이 일정에 동의하지 않는다는 것이지요?

A ⑤ Ya, saya kurang _____ .

야, 사야 꾸랑 스뚜주

네, 별로 동의하지 않습니다.

B ⑥ Kalau begitu, sebaiknya kita _____ saja.

깔라우 버기뚜, 스바익냐 끼따 멍우바ㅎ냐 사자

그렇다면, 우리가 일정을 바꾸는 것이 더 좋겠네요.

정답
① jadwalnya
② sibuk
③ Nanti
④ Maksudnya
⑤ setuju
⑥ mengubah

기억하기

이 정도 한 마디는
랜드마크에서 꼭 해봐요.
패턴으로 완벽 암기하세요.

> # Minta beri tahu
> 민따 브리 따우
> ## ~을 알려주세요.

- **sama** 그리고, ~와
  사마
- **warung** 노점식당, 작은 음식점
  와룽
- **alasan** 이유
  알라산

- **jawab** 대답, 답
  자왑
- **ujian** 시험
  우지안

- **Minta beri tahu** alamat sama nomor HP.
  민따 브리 따우 알라맛 사마 노모르 하뻬

  주소와 핸드폰 번호를 알려주세요.

- **Minta beri tahu** warung terbaik.
  민따 브리 따우 와룽 떠르바익

  가장 좋은 노점 식당을 알려주세요.

- **Minta beri tahu** alasannya.
  민따 브리 따우 알라산냐

  그 이유를 알려주세요.

- **Minta beri tahu** jawabannya.
  민따 브리 따우 자와반냐

  그 답을 알려주세요.

- **Minta beri tahu** hasil ujian.
  민따 브리 따우 하실 우지안

  시험 결과를 알려주세요.

238

자바섬 서쪽에 위치한 반둥은 고원지대에 있어 날씨가 서늘하고 시원해 네덜란드 식민지 지배 당시 휴양지로 개발하였다. 수도 자카르타에서 차로 3~4시간 정도면 갈 수 있고 아울렛들도 위치해있어 쇼핑을 하기 위해서나 시원한 기후에서 휴식을 취하기 위해 많은 사람들이 찾는 곳이다. 세계적으로 유명한 반둥 공과대학(ITB)이 위치해 있다.

랜드마크 인도네시아 여행

메단

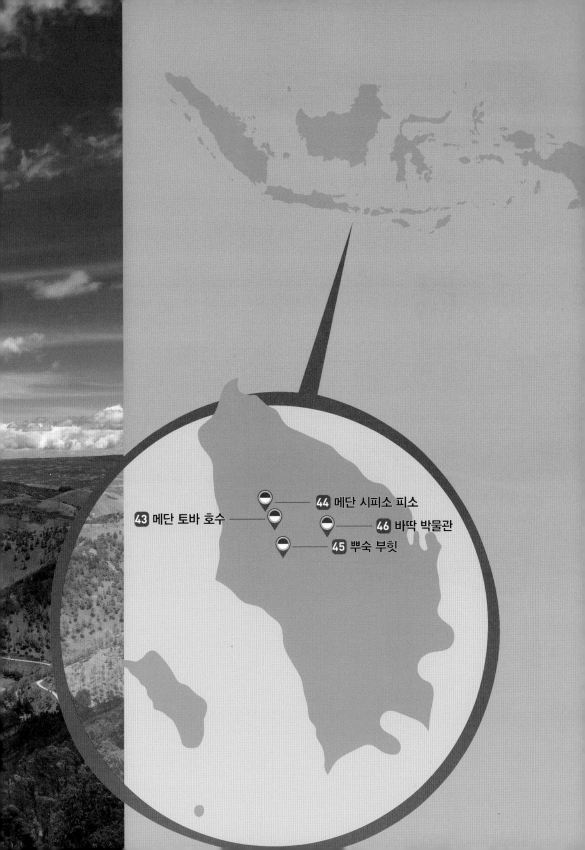

43

메단 토바 호수
(Danau Toba)

오늘 배울 내용은 **몸이 아플 땐 쓰는 표현들**

인도네시아에서 가장 큰 칼데라호수인 토바 호수는 백두산 천지의 141배에 달하는 세계에서 가장 큰 화산 호수이기도 하다. 토바 호수 안에 제주도 크기만 한 고구마 모양의 사모시르(Samosir) 섬이 있다고 하니 얼마나 큰 호수인지 상상해볼 수 있다. 토바 호수는 크기만 큰 것이 아니라 아름다운 경관으로도 유명하다.

원어민의 음성을
들어보세요.

Indonesia_43.mp3

A Saya sakit.

사야 사낏

저는 아파요.

B Kenapa?

끄나빠

왜요?(이 대화에서는 어디가 아프냐는 뜻이 됨)

A Sepertinya saya masuk angin.

스뻐르띠냐 사야 마숙 앙인

제가 감기에 걸린 것 같아요.

B Apa gejalanya?

아빠 그잘라냐

증상이 어떤가요?

A Saya demam dan diare.

사야 드맘 단 디아레

열이 나고 설사를 합니다.

B Sebaiknya Anda ke rumah sakit.

스바익냐 안다 끄 루마ㅎ 사낏

당신은 병원에 가는 것이 좋겠군요.

단어

· sakit 아픈
  사낏

· sepertinya ~인 것 같다
  스뻐르띠냐

· masuk angin 감기에 걸리다
  마숙 앙인

· gejala 증상
  그잘라

· demam 열, 열이나다
  드맘

· diare 설사, 설사하다
  디아레

· minum 마시다, (약을) 먹다
  미눔

· obat 약
  오밧

· anak laki-laki 아들
  아낙 라끼-라끼

243

여행지에서 활용할 수 있는
랜드마크 실전여행 문장을
소리 내어 따라 해 보세요.

- **Apotek ada di mana?**
  아뽀떽 아다 디 마나
  약국은 어디에 있나요?

  → **Kenapa?**
  끄나빠
  왜요?

- **Saya sakit kepala.**
  사야 사낏 끄빨라
  저는 머리가 아파요.

  → **Mau minum obat?**
  마우 미늄 오밧
  약을 드시겠어요?

- **Anak laki-laki saya demam tinggi.**
  아낙 라끼–라끼 사야 드맘 띵기
  저의 아들이 열이 많이 납니다.

  → **Ada gejala lain?**
  아다 그잘라 라인
  다른 증상이 있나요?

- **Perutku sakit.**
  쁘룻꾸 사낏
  배가 아파요.

  → **Dari kapan?**
  다리 까빤
  언제부터요?

쉬어가기

오늘 랜드마크 실전여행에서
사용한 단어를 확장해보세요.
* 단어 Tip: 과일 이름 II

- **rambutan** 람부탄
  람부딴
- **salak** 스네이크 프롯
  살락
- **markisa** 패션프롯
  마르끼사
- **pepaya** 파파야
  쁘빠야

- **kelapa** 코코넛
  끌라빠
- **nangka** 잭프롯
  낭까
- **belimbing** 스타프롯
  블림빙

A ① Saya _____.

사야 사낏

저는 아파요.

B ② _____?

끄나빠

왜요?(이 대화에서는 어디가 아프냐는 뜻이 됨)

A ③ Sepertinya saya _____.

스뻐르띠냐 사야 마숙 앙인

제가 감기에 걸린 것 같아요.

B ④ Apa _____?

아빠 그잘라냐

증상이 어떤가요?

A ⑤ Saya _____ dan _____.

사야 드맘 단 디아레

열이 나고 설사를 합니다.

B Sebaiknya Anda ke rumah sakit.

스바익냐 안다 끄 루마ㅎ 사낏

당신은 병원에 가는 것이 좋겠군요.

정답
----
① sakit
② Kenapa
③ masuk angin
④ gejalanya
⑤ demam / diare

➡ 이 정도 한 마디는
랜드마크에서 꼭 해봐요.
패턴으로 완벽 암기하세요.

Sepertinya kamu sudah
스뻬르띠냐 까무 수다ㅎ

너는 이미 ~인 것 같다.

- kamu (2인칭)너
  까무
- memutuskan 결정하다
  머무뚜스깐
- lupa 잊다, 기억을 못하다
  루빠

- terbiasa 습관이 되다, 익숙하다
  떠르비아사

- **Sepertinya kamu sudah memutuskan.**
  스뻬르띠냐 까무 수다ㅎ 머무뚜스깐

  너는 이미 결정한 것 같다.

- **Sepertinya kamu sudah lupa.**
  스뻬르띠냐 까무 수다ㅎ 루빠

  너는 이미 잊어버린 것 같다.

- **Sepertinya kamu sudah terbiasa dengan tempat ini.**
  스뻬르띠냐 까무 수다ㅎ 떠르비아사 등안 뜸빳 이니

  너는 이미 이곳에 익숙한 것 같다.

- **Sepertinya kamu sudah siap.**
  스뻬르띠냐 까무 수다ㅎ 시압

  너는 이미 준비된 것 같다.

- **Sepertinya kamu sudah bisa.**
  스뻬르띠냐 까무 수다ㅎ 비사

  너는 이미 할 줄 아는 것 같다.

44 메단 시피소 피소
(Air Terjun Sipiso Piso)

오늘 배울 내용은 와이파이가 필요할 때 쓰는 표현들

인도네시아 수마트라 토바 호수 북쪽에 위치한 시피소 피소 폭포는 해발 약 1300m 카로 고원에 위치해 있다. 폭포수가 떨어지는 모습이 마치 칼날의 모습과 비슷하다 하여 Piso(수마트라 사투리-칼) 라 이름 붙여졌다고 한다. 이 폭포는 120m가 넘는 직하형 폭포로 토바 호수로 물이 바로 낙하하며 장관을 이루어낸다. 폭포 바로 밑까지 500여 개의 계단이 이어져 있어 가까이서도 볼 수 있는데 이때는 비옷이나 방수용품이 필수. 약 1시간 정도 소요되며 가까이서 보면 물보라의 규모와 웅장함에 압도된다. 사진을 찍거나 한눈에 담기에는 멀리서 바라보는 것도 인상적이라 시간이 여의치 않는 경우에는 15분 정도만 내려가서 보는 것을 추천한다.

미리보기

이번 랜드마크에서는 어떤 대화를 하는지
먼저 살펴볼까요?

 원어민의 음성을
들어보세요.

Indonesia_44.mp3

A Di sini bisa wifi?

디 시니 비사 와이파이

여기 무선인터넷 되나요?

B Di sini, tidak bisa wifi.

디 시니, 띠닥 비사 와이파이

여기는 와이파이가 안 됩니다.

A kalua begitu, di mana bisa mengakses wifi?

깔라우 버기뚜, 디 마나 비사 멍악세스 와이파이

그러면, 어디에서 무선인터넷을 연결할 수 있나요?

B Kalau mau secara gratis, Anda harus ke lantai bawah.

깔라우 마우 스짜라 그라띠스, 안다 하루스 끄 란따이 바와ㅎ

무료로 하시길 원하시면, 아랫층으로 가셔야 합니다.

A Kalau mau menggunakan wifi di kamar saja, caranya bagaimana?

깔라우 마우 멍구나깐 와이파이 디 까마르 사자, 짜라냐 바가이마나

방에서 그냥 와이파이를 사용하고 싶으면, 어떻게 해야 하나요?

B Anda harus sewa modem di lobi.

안다 하루스 세와 모듬 디 로비

당신은 로비에서 모뎀을 렌트하셔야 합니다.

단어

mengakses 접속하다
멍악세스

secara ~방식으로
스짜라

gratis 무료의, 공짜의
그라띠스

lantai 층, 바닥
란따이

lobi 로비
로비

pulsa 전화요금의 단위
뿔사

isi ulang 리필하다, 충전하다
이시 울랑

tersedia 준비된
떠르스디아

hingga ~까지
힝가

여행지에서 활용할 수 있는
랜드마크 실전여행 문장을
소리 내어 따라 해 보세요.

- Apa saya boleh pinjam telepon sebentar?
  아빠 사야 볼레ㅎ 삔잠 뗄레뽄 스븐따르
  제가 잠시 전화기를 빌릴 수 있을까요?

  → Ya, silakan.
  야. 실라깐
  네. 그러세요.

- Di mana saya bisa beli pulsa?
  디 마나 사야 비사 블리 뿔사
  어디에서 제가 뿔사를 살 수 있을까요?

  → Anda bisa membelinya di ATM.
  안다 비사 믐블리냐 디 아떼엠
  당신은 자동출납기에서 그것을 살 수 있습니다.

- Pulsanya sudah habis.
  뿔사냐 수다ㅎ 하비스
  뿔사를 다 사용했습니다.

  → Kalau begitu, Anda harus isi ualng pulsa dulu.
  깔라우 버기뚜, 안다 하루스 이시 울랑 뿔사 둘루
  그러면 당신은 뿔사를 먼저 충전해야 합니다.

- Berapa harga pulsa yang tersedia?
  버라빠 하르가 뿔사 양 떠르스디아
  얼마짜리 뿔사가 있나요?

  → Dari Rp15.000 hingga Rp500.000.
  다리 리마블라스 리부 힝가 리마라뚜스 리부
  15,000루아부터 500,000루피아까지 있습니다.

쉬어가기

오늘 랜드마크 실전여행에서
사용한 단어를 확장해보세요.
* 단어 Tip: 운동 I

- speak bola 축구
  세빡 볼라
- bola basket 농구
  볼라 바스껫
- panahan 양궁
  빠나한
- tinju 권투
  띤주
- tenis meja 탁구
  떼니스 메자
- bulu tangkis 배드민턴
  불루 땅끼스
- renang 수영
  르낭
- lari 달리기
  라리

➡️ 랜드마크에서 대화한 내용을
떠올리며 빈칸을 채워보세요.

A Di sini bisa wifi?

디 시니 비사 와이파이

여기 무선인터넷 되나요?

B Di sini, tidak bisa wifi.

디 시니, 띠닥 비사 와이파이

여기는 와이파이가 안 됩니다.

A ① kalua begitu, di mana bisa _____ wifi?

깔라우 버기뚜, 디 마나 비사 멍악세스 와이파이

그러면, 어디에서 무선인터넷을 연결할 수 있나요?

B ② Kalau mau _____, Anda harus ke _____.

깔라우 마우 스짜라 그라띠스, 안다 하루스 끄 란따이 바와ㅎ

무료로 하시길 원하시면, 아랫층으로 가셔야 합니다.

A ③ Kalau mau _____ wifi di kamar saja, caranya bagaimana?

깔라우 마우 멍구나깐 와이파이 디 까마르 사자, 짜라냐 바가이마나

방에서 그냥 와이파이를 사용하고 싶으면, 어떻게 해야 하나요?

B ④ Anda harus _____ modem di _____.

안다 하루스 세와 모듬 디 로비

당신은 로비에서 모뎀을 렌트하셔야 합니다.

정답

① mengakses
② secara gratis / lantai bawah
③ menggunakan
④ sewa / lobi

Anda harus
안다 하루스

당신은 ~을 해야 합니다.

- mendorong 밀다
  먼도롱
- membuat 만들다
  멈부앗
- terjadi 발생하다, 일어나다
  떠르자디

- menjaga 지키다
  먼자가
- bagasi 수하물
  바가시

- **Anda harus** mendorong pintu ini.
  안다 하루스 먼도롱 삔뚜 이니
  당신은 이 문을 밀어야 합니다.

- **Anda harus** membuat itu terjadi.
  안다 하루스 멈부앗 이뚜 떠르자디
  당신은 반드시 그것을 이루어내야 합니다.

- **Anda harus** menjaga bagasi ini.
  안다 하루스 먼자가 바가시 이니
  당신은 이 수하물을 지켜야 합니다.

- **Anda harus** mengunjungi tempat ini.
  안다 하루스 멍운중이 뜸빳 이니
  당신은 이곳을 방문해야 합니다.

- **Anda harus** membawa alat ini.
  안다 하루스 멈바와 알랏 이니
  당신은 이 도구(장비)를 가져와야 합니다.

45 뿌숙 부힛
(Pusuk Buhit)

오늘 배울 내용은 **관광 중 궁금한 내용을 물을 때 쓰는 표현들**

토바 호수 서쪽 가장자리에 위치한 뿌숙 부힛은 해발 1,982m에 위치해 토바 호수의 멋진 풍경을 한눈에 담을 수 있는 곳으로 유명하다. 이곳은 개신교 혹은 가톨릭을 주로 믿는 바딱족의 성지로도 유명하다. 뿌숙 부힛이 위치한 사모시르섬은 전통적으로 외부인들의 접근이 쉽지 않았는데 그래서인지 옛날부터 전통적으로 전해져 내려오는 신화와 설화가 많다. 그중 하나가 바딱족의 시조가 하늘에서 내려와 이 뿌숙 부힛에 처음 발을 디뎠다는 건국신화이다. 이곳은 인생샷을 남길 수 있는 하이킹 코스로도 유명한데 약 2시간 정도 소요되며 잊지 못할 추억을 간직할 수 있는 곳이니 꼭 한 번 가보길 바란다.

이번 랜드마크에서는 어떤 대화를 하는지
먼저 살펴볼까요?

 원어민의 음성을
들어보세요.

Indonesia_45.mp3

A Apakah Anda pernah dengar tentang suku bangsa Batak?

아빠까ㅎ 안다 뻐르나ㅎ 등아르 뜬땅 수꾸 방사 바딱

당신은 바딱족에 대해 들어 본 적이 있나요?

B Belum. Anda tahu tentang suku Batak?

블룸. 안다 따우 뜬당 수꾸 바딱

아직이요. 당신은 바딱족에 대해 아시나요?

A Setahu saya, sebagian besar suku Batak tinggal di wilayah Sumatera Utara.

스따우 사야, 스바기안 브사르 수꾸 바딱 띵갈 디 윌라야ㅎ 수마뜨라 우따라

제가 알기로는, 바딱 족의 대부분이 수마트라 섬 북쪽 지역에 살고 있습니다.

B Oh, begitu. Anda mengenal dengan orang Batak?

오ㅎ, 버기뚜. 안다 멍으날 등안 오랑 바딱

아, 그렇군요. 당신은 바딱 족에 아는 사람이 있나요?

A Saya belum pernah bertemu dengan orang Batak tapi mau suatu waktu.

사야 블룸 뻐르나ㅎ 버르뜨무 등안 오랑 바딱 따삐 마우 수아뚜 왁뚜

아직은 바딱족을 만나본 적이 없지만 언젠가는 (만나고) 싶습니다.

B Kalau ada kesempatan, saya juga mau bertemu dengan orang Batak. Saya penasaran.

깔라우 아다 끄슴빳딴, 사야 주가 마우 버르뜨무 등안 오랑 바딱. 사야 쁘나사란

기회가 있다면, 저도 바딱족을 만나보고 싶습니다. 궁금합니다.

단어

· pernah ~해본 적이 있다
  뻐르나ㅎ

· dengar 듣다
  등아르

· tentang ~에 대해
  뜬땅

· suku bangsa 종족
  수꾸 방사

· sebagian besar 대부분
  스바기안 브사르

· wilayah 지역, 지구
  윌라야ㅎ

· mengenal 알다,
  멍으날   ~와 아는 사이다

· bertemu 만나다
  버르뜨무

· suatu waktu 언젠가
  수아뚜 왁뚜

· kesempatan 기회
  끄슴빳딴

· penasaran
  쁘나사란   ~를 알거나 갈망하는,
             궁금한

실전여행 ✈

여행지에서 활용할 수 있는
랜드마크 실전여행 문장을
소리 내어 따라 해 보세요.

- **Bagaimana suku Batak berbeda dengan suku yang lain?**
  바가이마나 수꾸 바딱 버르베다 등안 수꾸 양 라인
  바딱족은 다른 종족들과 어떻게 다른가요?

  → Saya juga kurang tahu.
  사야 주가 꾸랑 따우
  저도 잘 모릅니다.

- **Anda mau yang ini?**
  안다 마우 양 이니
  이것을 원하시나요?

  → Betul.
  브뚤
  맞습니다.

- **Bagaimana saya harus melakukannya?**
  바가이마나 사야 하루스 믈라꾸깐냐
  제가 어떻게 해야 하나요?

  → Sebaiknya Anda belajar tentang sopan santun suku itu.
  스바익냐 안다 블라자르 뜬땅 소빤 산뚠 수꾸 이뚜
  당신은 그 종족의 예의범절에 대해서 공부하는 것이 좋겠습니다.

- **Kamu mau apa?**
  까무 마우 아빠
  너는 무엇을 원하니?

  → Terserah.
  뜨르스라ㅎ
  니 마음대로 해.

쉬어가기

오늘 랜드마크 실전여행에서
사용한 단어를 확장해보세요.
* 단어 Tip: 계절이름

- Musim bunga 봄
  무심 붕아
- Musim panas 여름
  무심 빠나스
- Musim gugur 가을
  무심 구구르
- Musim dingin 겨울
  무심 딩언
- Musim hujan 우기
  무심 후잔
- Musim kemarau 건기
  무심 끄마라우

일지쓰기

랜드마크에서 대화한 내용을
떠올리며 빈칸을 채워보세요.

A ① Apakah Anda _____ dengar _____ suku bangsa Batak?

아빠까ㅎ 안다 빠르나ㅎ 등아르 뜬땅 수꾸 방사 바딱

당신은 바딱족에 대해 들어 본 적이 있나요?

B ② Belum. Anda tahu tentang _____ Batak?

블룸. 안다 따우 뜬땅 수꾸 바딱

아직이요. 당신은 바딱족에 대해 아시나요?

A ③ Setahu saya, _____ besar suku Batak tinggal di wilayah Sumatera Utara.

스다우 사야, 스바기안 브사르 수꾸 바딱 띵갈 디 윌라야 수마뜨라 우따라

제가 알기로는, 바딱 족의 대부분이 수마트라 섬 북쪽 지역에 살고 있습니다.

B ④ Oh, begitu. Anda _____ dengan orang Batak?

오ㅎ. 버기뚜. 안다 멍으날 등안 오랑 바딱

아, 그렇군요. 당신은 바딱 족에 아는 사람이 있나요?

A ⑤ Saya belum pernah _____ dengan orang Batak tapi mau suatu waktu.

사야 블룸 뻐르나ㅎ 버르뜨무 등안 오랑 바딱 따삐 마우 수아뚜 왁뚜

아직은 바딱족을 만나본 적이 없지만 언젠가는 (만나고) 싶습니다.

B Kalau ada kesempatan, saya juga mau bertemu dengan orang Batak. Saya penasaran.

깔라우 아다 끄슴빳딴, 사야 주가 마우 버르뜨무 등안 오랑 바딱. 사야 쁘나사란

기회가 있다면, 저도 바딱족을 만나보고 싶습니다. 궁금합니다.

정답
① pernah / tentang
② suku
③ sebagian
④ mengenal
⑤ bertemu

➡️ 이 정도 한 마디는
랜드마크에서 꼭 해봐요.
패턴으로 완벽 암기하세요.

Saya belum pernah
사야 블룸 뻐르나ㅎ

저는 아직 ~을 해본 적이 없습니다.

· mendengar 듣다
먼등아르

· pemandangan 경치, 전망, 관점
쁘만당안

· mengalami 경험하다
멍알라미

· membaca 읽다
멈바짜

· majalah 잡지
마잘라ㅎ

· **Saya belum pernah** mendengar tentang itu.
사야 블룸 뻐르나ㅎ 먼등아르 뜬땅 이뚜

저는 아직 그것에 대해 들어본 적이 없습니다.

· **Saya belum pernah** melihat pemandangan seperti itu.
사야 블룸 뻐르나ㅎ 믈리핫 쁘만당안 스뻐르띠 이뚜

저는 아직 그런 경치를 본 적이 없습니다.

· **Saya belum pernah** mengalami itu.
사야 블룸 뻐르나ㅎ 멍알라미 이뚜

저는 아직 그런 경험을 못 해봤습니다.

· **Saya belum pernah** menonton itu.
사야 블룸 뻐르나ㅎ 머논똔 이뚜

저는 아직 그것을 본 적이 없습니다.

· **Saya belum pernah** membaca majalah itu.
사야 블룸 뻐르나ㅎ 멈바짜 마잘라ㅎ 이뚜

저는 아직 그 잡지를 본 적이 없습니다

46 바딱 박물관
(Batak Museum)

오늘 배울 내용은 연락처/주소를 물을 때 쓰는 표현들

바딱 박물관은 2011년 개관한 박물관으로 바딱족의 전통, 문화, 거주지 등에 대해 자세히 알 수 있는 곳이다. 바딱 족의 전통의복인 '울로스'부터 고대 경전, 전통 무기, 보석, 농기구 등의 바탁족의 역사를 알 수 있는 유물들이 전시되어 있으며 바딱족의 독특한 전통문화 중 하나인 시갈레갈레 인형과 함께 춤을 추고 노래를 부르는 모습도 볼 수 있다. 또 바딱족의 상징인 시라자 바딱이 7m에 달하는 청동상으로 웅장하게 서 있는 모습도 감상할 수 있다.

원어민의 음성을
들어보세요.

Indonesia_46.mp3

A **Saya mau beli tiket.**

사야 마우 블리 띠껫

표를 사고 싶습니다.

B **Berapa nomor HP Anda?**

버라빠 노모르 하뻬 안다

핸드폰 번호가 몇 번이세요?

A **0851-4356-1279**

꼬송 들라빤 리마 사뚜 – 음빳 띠가 리마 으남 – 사뚜 두아 뚜주ㅎ 슴빌란

0851-4356-1279입니다.

B **Tanggal berapa Anda lahir?**

땅갈 버라빠 안다 라히르

몇 월 며칠에 태어나셨나요?

A **Saya lahir pada tanggal 18 Mei, 1980.**

사야 라히르 빠다 땅갈 들라빤블라스 메이, 스리부 슴빌란라뚜스 들라빤뿔루ㅎ

저는 1980년 5월 18일에 태어났습니다.

B **Apa alamat Anda?**

아빠 알라맛 안다

당신의 주소가 어떻게 됩니까?

A **Saya tinggal di Jl. Sudirman 35, Jakarta Pusat.**

사야 띵갈 디 잘란 수디르만 띠가뿔루ㅎ 리마, 지까르따 뿌삿

저는 센터 자카르타, 수디르만 가 35에 살고 있습니다.

단어

- lahir 태어나다
  라히르
- saudara 형제
  사우다라
- saudari 자매
  사우다리
- umur 나이
  우무르
- berumur 나이가~이다
  버르우무르
- bungsu 마지막, 막내
  붕수
- menikah 결혼하다
  머니까ㅎ
- berkeluarga 가족이 있다,
  버르끌루아르가   가정이 있다

258

여행지에서 활용할 수 있는
랜드마크 실전여행 문장을
소리 내어 따라 해 보세요.

- **Berapa umur Anda?**
  버라빠 우무르 안다
  당신의 나이가 어떻게 됩니까?

  → Saya berumur 15.
  사야 버르우무르 리마블라스.
  저는 15세입니다.

- **Anda tinggal di mana?**
  안다 띵갈 디 마나
  당신은 어디에 삽니까?

  → Saya tinggal di Bekasi.
  사야 띵갈 디 브까시
  저는 버카시에 살고 있습니다.

- **Anda punya berapa saudara?**
  안다 뿌냐 버라빠 사우다라
  형제가 몇 명 있습니까?

  → Saya punya 4 saudara. Saya anak bungsu.
  사야 뿌냐 음빳 사우다라. 사야 아낙 붕수
  저는 4명의 형제가 있습니다. 제가 막내입니다.

- **Apa Anda sudah menikah?**
  아빠 안다 수다ㅎ 머니까ㅎ
  당신은 결혼하셨나요?

  → Saya sudah berkeluarga.
  사야 수다ㅎ 버르끌루아르가
  가정을 이미 이뤘습니다.

쉬어가기

오늘 랜드마크 실전여행에서
사용한 단어를 확장해보세요.
* 단어 Tip: 방향 Ⅱ

di antara 사이에 디 안따라	**lurus** 정면, 직진하다 루루스
di sebelah 편에 디 스블라ㅎ	**pusat** 중앙 뿌삿
di samping 옆에 디 삼삥	**pojok** 구석, 코너 뽀죽
kanan-kiri 좌우 까난-끼리	**arah / sisi** 쪽 아라ㅎ / 시시

랜드마크에서 대화한 내용을
떠올리며 빈칸을 채워보세요.

A Saya mau beli tiket.

사야 마우 블리 띠껫

표를 사고 싶습니다.

B ① Berapa nomor _____ Anda?

버라빠 노모르 하뻬 안다

핸드폰 번호가 몇 번이세요?

A 0851-4356-1279

꼬송 들라빤 리마 사뚜 – 음빳 띠가 리마 으남 – 사뚜 두아 뚜주ㅎ 슴빌란

0851-4356-1279입니다.

B ② Tanggal _____ Anda _____?

땅갈 버라빠 안다 라히르

몇 월 며칠에 태어나셨나요?

A ③Saya lahir pada _____ 18 Mei, 1980.

사야 라히르 빠다 땅갈 들라빤블라스 메이, 스리부 슴빌란라뚜스 들라빤뿔루ㅎ

저는 1980년 5월 18일에 태어났습니다.

B ④ Apa _____ Anda?

아빠 알라맛 안다

당신의 주소가 어떻게 됩니까?

A ⑤ Saya tinggal di Jl. Sudirman 35, Jakarta _____.

사야 띵갈 디 잘란 수디르만 띠가뿔루ㅎ 리마, 자까르따 뿌삿

저는 센터 자카르타, 35 수디르만 가에 살고 있습니다.

정답
① HP
② berapa / lahir
③ tanggal
④ alamat
⑤ Pusat

🔸 이 정도 한 마디는
랜드마크에서 꼭 해봐요.
패턴으로 완벽 암기하세요.

Tanggal berapa
땅갈 버라빠

며칠에 ～?

• Ramadhan 무슬림들이 신성한 달로 여겨 한 달
라마단   동안 일출부터 일몰까지 의무적으
로 단식하는 달

• dimulai 시작되다, 열리다
디물라이

• (mem)bicarakan ～에 관하여 이야기하다, 토
(멈)비짜라깐   의하다

• ayah 아버지
아야ㅎ

• meninggal 돌아가시다, 사망하다
머닝갈

• **Tanggal berapa** Anda ingin berangkat?
땅갈 버라빠 안다 잉인 브랑깟

며칠에 당신은 출발하기를 원합니까?

• **Tanggal berapa** mereka pergi?
땅갈 버라빠 머레까 뻐르기

그들은 며칠에 갈 것입니까?

• **Tanggal berapa** Ramadhan dimulai?
땅갈 버라빠 라마단 디물라이

며칠에 라마단이 시작됩니까?

• **Tanggal berapa** yang Anda bicarakan?
땅갈 버라빠 양 안다 비짜라깐

당신은 며칠에 대해 이야기하는 것입니까?

• **Tanggal berapa** ayahnya meninggal?
땅갈 버라빠 아야ㅎ냐 머닝갈

그의 아버지는 며칠에 돌아가셨습니까?

261

랜드마크 인도네시아 여행
마나도

마나도 부나켄 해양국립공원
(Taman Nasional Bunaken)

▶ 오늘 배울 내용은 경찰이 필요할 때 쓰는 표현들

세계적인 다이빙 포인트로 유명한 부나켄 해양국립공원은 다이버들의 낙원이라 불릴 정도로 지구상 최고의 다양한 해양 생물들이 있다. 이 공원 안에는 5개의 섬이 있으며 약 2만 명의 주민이 어업으로 생계를 꾸리며 살고 있다. 최근 지구 온난화와 태풍 등 자연적인 현상들로 인해 산호초 등의 개체수가 감소하고 있는 것으로 알려져 있다.

원어민의 음성을
들어보세요.

Indonesia_47.mp3

> **A** Di mana ada kantor polisi yang paling dekat dari sini?

디 마나 아다 깐또르 뽈리씨 양 빨링 드깟 다리 시니

여기에서 가장 가까운 경찰서가 어디 있나요?

> **B** Kator polisi jauh sekali dari sini.

깐또르 뽈리씨 자우ㅎ 스깔리 다리 시니

경찰서는 여기에서 아주 멀리 있어요.

> **A** Kalau begitu, minta telepon polisi.

깔라우 버기뚜, 민따 뗄레뽄 뽈리씨

그러면, 경찰에게 전화해주세요.

> **B** Apa Anda tahu nomor telepon polisi?

아빠 안다 따우 노모르 뗄레뽄 뽈리씨

경찰서 전화번호를 아시나요?

> **A** Setahu saya 110.

스따우 사야 사뚜 사뚜 꼬송

제가 알기로는 110번입니다.

> **B** Saya akan panggil segera.

사야 아깐 빵길 스그라

제가 빨리 부르겠습니다.

단어

· kantor 사무실
깐또르

· panggil 부르다
빵길

· segera 즉시, 급히
스그라

· sampaikan 전달하다
삼빠이깐

· telepon kembali
뗄레뽄 끔발리   (전화가 왔던 사람에게)
다시 전화주다

· segera secepatnya
스그라 스쯔빳냐   가능한한 빨리

· keluar 나가다
끌루아르

· perusahaan 회사
쁘르우사하안

265

여행지에서 활용할 수 있는
랜드마크 실전여행 문장을
소리 내어 따라 해 보세요.

- Saya harus minta tolong kepada siapa?
  사야 하루스 민따 똘롱 끄빠다 시아빠
  제가 누구에게 도움을 요청해야 하나요?

  → Anda harus meminta tolong kepada polisi.
  안다 하루스 머민따 똘롱 끄빠다 뽈리씨
  당신은 경찰에게 요청해야 합니다.

- Minta sampaikan telepon saya kembali secepatnya.
  민따 삼빠이깐 뗄레뽄 사야 끔발리 스쯔빳냐
  저에게 가능한 한 빨리 전화해달라고 전해주세요.

  → Baik. Saya sampaikan.
  바익. 사야 삼빠이깐
  알겠습니다. 그에게 전달하겠습니다.

- Saya mau bicara dengan Bapak Seto.
  사야 마우 비짜라 등안 바빡 세또
  저는 세또 씨와 이야기하고 싶습니다. (세또 씨를 바꿔주세요.)

  → Seto baru keluar.
  세또 바루 끌루아르
  세또는 방금 나갔습니다. (여기에 없습니다.)

- Siapa yang menelepon ya, Pak?
  시아빠 양 머넬레뽄 야 빡
  전화주신 분은 누구신가요?

  → Nama saya adalah Seto Gunawan dari perusahaan Nusantara.
  나마 사야 아달라ㅎ 세또 구나완 다리 뻐르우사하안 누산따라
  저는 누산따라 회사의 세또 구나완이라고 합니다.

쉬어가기

오늘 랜드마크 실전여행에서
사용한 단어를 확장해보세요.
* 단어 Tip: 횟수 II

- setiap hari 매일
  스띠압 하리
- setiap minggu 매주
  스띠압 밍구
- setiap bulan 매달
  스띠압 불란
- setiap tahun 매년
  스띠압 따훈
- setiap kali 매번
  스띠압 깔리

- setiap orang 각각의 사람
  스띠압 오랑   모두
- setiap negara 각각의 나라
  스띠압 네가라   모두
- setiap barang 각각의 물건
  스띠압 바랑   모두

266

일지쓰기

➤ 랜드마크에서 대화한 내용을
떠올리며 빈칸을 채워보세요.

A ① Di mana ada _____ polisi yang paling dekat dari sini?

디 마나 아다 깐또르 뽈리씨 양 빨링 드깟 다리 시니

여기에서 가장 가까운 경찰서가 어디 있나요?

B Kator polisi jauh sekali dari sini.

깐또르 뽈리씨 자우ㅎ 스깔리 다리 시니

경찰서는 여기에서 아주 멀리 있어요.

A ② Kalau begitu, minta _____ polisi.

깔라우 버기뚜, 민따 뗄레뽄 뽈리씨

그러면, 경찰에게 전화해주세요.

B ③ Apa Anda _____ nomor telepon polisi?

아빠 안다 따우 노모르 뗄레뽄 뽈리씨

경찰서 전화번호를 아시나요?

A Setahu saya 110.

스따우 사야 사뚜 사뚜 꼬송

제가 알기로는 110번입니다.

B ④ Saya _____ _____.

사야 빵길 스그라

제가 빨리 부르겠습니다.

정답
----
① kantor
② telepon
③ tahu
④ panggil / segera

Saya ~ segera
사야 ~ 스그라

제가 즉시/빨리 ~할게요.

- menghubungi 연락하다, 소통하다
  명후붕이
- melaporkan 알리다, 신고하다
  믈라뽀르깐
- mengumumkan 공고하다, 발표하다
  명우뭄깐

- mengirim 보내다
  명이림

- **Saya kembali segera.**
  사야 끔발리 스그라

  제가 즉시 돌아갈게요.

- **Saya menghubungi segera.**
  사야 명후붕이 스그라

  제가 즉시 연락할게요.

- **Saya melaporkan segera.**
  사야 믈라뽀르깐 스그라

  제가 조속히 신고할게요.

- **Saya mengumumkan segera.**
  사야 명우뭄깐 스그라

  제가 빨리 공고할게요.

- **Saya mengirim segera.**
  사야 명이림 스그라

  제가 빨리 보낼게요.

268

48 마나도 땅꼬꼬 국립공원
(Tangkoko Manado)

오늘 배울 내용은 잠시 휴식 중에 쓰는 표현들

정글 트레킹으로 잘 알려진 땅꼬꼬 국립공원은 안경원숭이와 인도네시아 토종 곰을 비롯한 222종의 동물과 600여 종의 식물이 살고 있는 생태보호 공원이다. 쥐라기 공원이나 타잔이 뛰어놀았을 법한 정글탐험을 원한다면 이곳을 추천한다. 다른 나무를 질식시키는 스트랭글러 무화과부터 가임 기간이 되면 엉덩이가 부풀어 오르는 신기한 마카카 원숭이까지 신기한 자연의 세계를 즐길 수 있다.

이번 랜드마크에서는 어떤 대화를 하는지
먼저 살펴볼까요?

 원어민의 음성을
들어보세요.

Indonesia_48.mp3

A Anda masih lapar?

안다 마시ㅎ 라빠르

당신은 아직 배가 고픈가요?

B Tidak. Saya sudah kenyang. Apa saya boleh merokok di sini?

띠닥. 사야 수다ㅎ 끄냥. 아빠 사야 볼레ㅎ 머로꼭 디 시니

아니요. 이미 배가 부릅니다. 여기에서 담배를 피워도 될까요?

A Di sini tidak boleh.

디 시니 띠닥 볼레ㅎ

여기서는 안 됩니다.

B Baik. Saya ke kamar kecil sebentar ya.

바익. 사야 끄 까마르 끄찔 스븐따르 야

알겠습니다. 저 화장실에 잠시 좀 다녀올게요.

A Ya, silakan. Saya tunggu di sini saja.

야, 실라깐. 사야 뚱구 디 시니 사자

네, 그러세요. 저는 여기에서 그냥 기다릴게요.

B Oke. Tidak akan lama.

오께. 띠닥 아깐 라마

알겠습니다. 오래 걸리지 않을 거예요.

단어

lapar 배고픈
라빠르

kenyang 배부른
끄냥

merokok 흡연하다
머로꼭

kamar kecil 화장실
까마르 끄찔

akan ~할 것이다
아깐

ayo 자! 그럼!
아요

beristirahat 휴식하다, 쉬다
버르이스띠라핫

parkir 주차, 주차하다
빠르끼르

tempat parkir 주차장
뜸빳 빠르끼르

270

여행지에서 활용할 수 있는
랜드마크 실전여행 문장을
소리 내어 따라 해 보세요.

- **Saya lapar.**
  사야 라빠르
  저는 배가 고파요.

  → **Ayo, mari kita ke restoran.**
  아요, 마리 끼따 끄 레스또란
  자, 우리 식당으로 갑시다.

- **Saya ingin beristirahat.**
  사야 잉인 버르이스띠라핫
  저는 쉬고 싶습니다.

  → **Silakan.**
  실라깐
  그러세요.

- **Saya boleh parkir di sini?**
  사야 볼레ㅎ 빠르끼르 디 시니
  여기에 주차해도 되나요?

  → **Di sini tidak boleh. Anda harus ke tempat parkir.**
  디 시니 띠닥 볼레ㅎ. 안다 하루스 끄 뜸빳 빠르끼르
  여기는 안 됩니다. 주차장으로 가셔야 합니다.

- **Saya mengantuk.**
  사야 멍안뚝
  저는 졸려요.

  → **Silakan tidur sebentar.**
  실라깐 띠두르 스븐따르
  잠시 주무세요.

쉬어가기

오늘 랜드마크 실전여행에서
사용한 단어를 확장해보세요.
* 단어 Tip: 감정 II

- **kecewa** 실망한
  끄쩨와
- **gugup** 당황한, 긴장한
  구굽
- **senang** 기쁜
  스낭
- **menderita** 고통스러운
  믄드리따

- **terharu** 감동받은
  떠르하루
- **kesepian** 쓸쓸한, 외로운
  끄스삐안
- **ragu** 주저하는, 망설이는
  라구
- **rindu** 그리워하는
  린두

일지쓰기

➡️ 랜드마크에서 대화한 내용을 떠올리며 빈칸을 채워보세요.

A ① Anda masih _____?

안다 마시ㅎ 라빠르

당신은 아직 배가 고픈가요?

B ② Tidak. Saya sudah _____. Apa saya boleh _____ di sini?

띠닥. 사야 수다ㅎ 끄냥. 아빠 사야 볼레ㅎ 머로꼭 디 시니

아니요. 이미 배가 부릅니다. 여기에서 담배를 피워도 될까요?

A ③ Di sini tidak boleh.

디 시니 띠닥 볼레ㅎ

여기서는 안 됩니다.

B ④ Baik. Saya ke _____ sebentar ya.

바익. 사야 끄 까마르 끄찔 스븐따르 야

알겠습니다. 저 화장실에 잠시 좀 다녀올게요.

A Ya, silakan. Saya tunggu di sini saja.

야, 실라깐. 사야 뚱구 디 시니 사자

네, 그러세요. 저는 여기에서 그냥 기다릴게요.

B ⑤ Oke. Tidak _____.

오케. 띠닥 아깐 라마

알겠습니다. 오래 걸리지 않을 거예요.

정답
- ① lapar
- ② kenyang / merokok
- ③ kamar kecil
- ④ akan
- ⑤ lama

Anda masih
안다 마시ㅎ

당신은 여전히/아직도

- **puas** 만족한
  뿌아스
- **yakin** 확신하는
  야낀
- **ragu** 의구심을 갖는, 주저하는
  라구

- **muda** 어린, 젊은
  무다
- **bingung** 헷갈리는, 혼란스러운
  빙웅

- **Anda masih** belum puas dengan ini.
  안다 마시ㅎ 블룸 뿌아스 등안 이니

  당신은 아직 이것에 만족하지 못하는군요.

- **Anda masih** belum yakin tentang ini.
  안다 마시ㅎ 블룸 야낀 뜬땅 이니

  당신은 아직 이것에 대해 확신을 갖지 못하는군요.

- **Anda masih** ragu.
  안다 마시ㅎ 라구

  당신은 여전히 의구심을 갖는군요.

- **Anda masih** muda.
  안다 마시ㅎ 무다

  당신은 아직 젊어요.

- **Anda masih** bingung.
  안다 마시ㅎ 빙웅

  당신은 여전히 혼란스러워하고 있군요.

273

49 렘베
(Lembeh)

오늘 배울 내용은 스쿠버다이빙할 때 쓰는 표현들

마나도의 동쪽 해변에 위치한 렘베는 마크로 다이빙의 성지로 불리어진다. 수많은 수중사진가들이 반복적으로 방문할 만큼 마크로 생물이 풍부하고 다양하다. 먹(Muck)과 크리터(Critter) 다이빙으로 유명한 이곳은 렘베섬과 마나도 사이의 좁고 긴 해협의 검은 모래 바닥에서 발견되는 다른 곳에서는 좀처럼 보기 힘든 신기하고 못생긴 물고기들로 세계적으로 유명한 지역이다.

원어민의 음성을
들어보세요.

Indonesia_49.mp3

A Permisi. Saya mau menyelam scuba.

빠르미시. 사야 마우 므녤람 스꾸바

실례합니다. 저는 스쿠버 다이빙을 하고 싶은데요.

B Anda pernah coba menyelam scuba?

안다 뻐르나ㅎ 쪼바 므녤람 스꾸바

당신은 스쿠버 다이빙을 해 보신 적이 있으신가요?

A Belum. Jadi saya mau belajar dulu.

블룸. 자디 사야 마우 블라자르 둘루

아직 없습니다. 그래서 먼저 배우고 싶습니다.

B Oh, gitu. Biaya pengajaran Rp. 1 juta untuk 4 kali. Anda mau?

오ㅎ, 기뚜. 비아야 뻥아자란 사뚜 주따 운뚝 음빳 깔리. 안다 마우

아, 그렇군요. 교육비는 4회에 100만 루피아입니다. 진행하시겠습니까?

A Ya, apa sewa perlengkapan menyelam scuba sudah termasuk dalam harga itu?

야, 아빠 세와 뻐를릉깝빤 므녤람 스꾸바 수다ㅎ 떠르마숙 달람 하르가 이뚜

네, 그 가격에 스쿠버 다이빙 장비 렌트비가 포함되어 있는건가요?

B Iya. Sewa alat sudah termasuk.

이야. 세와 알랏 수다ㅎ 떠르마숙

네, 장비 렌트도 포함되어 있습니다.

단어

- menyelam 잠수하다
  므녤람
- menyelam scuba 스쿠버 다이빙
  므녤람 수꾸바
- belajar 배우다, 공부하다
  블라자르
- biaya 비용
  비아야
- pengajaran 교육, 지도
  뻥아자란
- juta 백만
  주따
- perlengkapan 장비
  뻐를릉깝빤
- alat 도구, 장비
  알랏
- snorkeling 스노클링
  스노르끌링

275

여행지에서 활용할 수 있는
랜드마크 실전여행 문장을
소리 내어 따라 해 보세요.

- **Di sini bisa menyewa alat menyelam?**
  디 시니 비사 머녜와 알랏 므녤람
  여기에서 잠수 장비를 빌릴 수 있나요?

  → Ya, bisa.
  야, 비사
  네, 가능합니다.

- **Sewanya untuk berapa jam?**
  세와냐 운뚝 버라빠 잠
  렌트를 몇 시간 동안 하시나요?

  → Untuk 4 jam.
  운뚝 음빳 잠
  4시간이요.

- **Harganya berapa per orang?**
  하르가냐 버라빠 뻬르 오랑
  한 사람당 얼마인가요?

  → Rp150.000 per orang.
  스라뚜스 리마 뿔루ㅎ 리부 뻬르 오랑
  한 사람당 150,000루피아입니다.

- **Siang ini snorkelingnya jadi?**
  씨앙 이니 스노르끌링냐 자디
  오늘 10시~2시 사이에 스노클링 하는 건가요?

  → Tidak jadi.
  띠닥 자디
  안 하기로 했습니다.

오늘 랜드마크 실전여행에서
사용한 단어를 확장해보세요.
* 단어 Tip: 방 이름

- **ruang keluarga** 거실
  루앙 끌루아르가
- **dapur** 부엌
  다뿌르
- **ruang tamu** 응접실
  루앙 따무
- **kamar mandi** 욕실
  까마르 만디
- **kamar tidur** 침실
  까마르 띠두르

- **ruang makan** 식당(방)
  루앙 마깐
- **teras depan** 앞마당
  떼라스 드빤
- **kamar pembantu**
  까마르 뺌반뚜 가사도우미용 방

276

⮕ 랜드마크에서 대화한 내용을
떠올리며 빈칸을 채워보세요.

A ① Permisi. Saya mau _____ scuba.

빠르미시. 사야 마우 므녤람 스쿠바

실례합니다. 저는 스쿠버 다이빙을 하고 싶은데요.

B ② Anda _____ coba menyelam scuba?

안다 빠르나ㅎ 쪼바 므녤람 스꾸바

당신은 스쿠버 다이빙을 해 보신 적이 있으신가요?

A ③ Belum. Jadi saya mau _____ dulu.

블룸. 자디 사야 마우 블라자르 둘루

아직 없습니다. 그래서 먼저 배우고 싶습니다.

B ④ Oh, gitu. _____ pengajaran Rp. 1 juta untuk 4 kali. Anda mau?

오ㅎ, 기뚜. 비아야 뻥아자란 사뚜 주따 운뚝 음빳 깔리. 안다 마우

아, 그렇군요. 교육비는 4회에 100만 루피아입니다. 진행하시겠습니까?

A ⑤ Ya, apa sewa perlengkapan menyelam scuba sudah _____ dalam harga itu?

야, 아빠 세와 빠를릉깝빤 므녤람 스꾸바 수다ㅎ 떠르마숙 달람 하르가 이뚜

네, 그 가격에 스쿠버 다이빙 장비 렌트비가 포함되어 있는건가요?

B ⑥ Iya. Sewa _____ sudah termasuk.

이야. 세와 알랏 수다ㅎ 떠르마숙

네, 장비 렌트도 포함되어 있습니다.

정답
① menyelam
② pernah
③ belajar
④ Biaya
⑤ termasuk
⑥ alat

sudah termasuk
수다ㅎ 떠르마숙
이미 포함되다.

- pemerintah 정부
  쁘므린따ㅎ
- sarapan 아침식사, 아침식사하다
  사라빤
- kendaraan 탈것, 교통수단
  끈다라안

- pariwisata 관광, 관광여행
  빠리위사따
- tarif 요금, 단가
  따리프

- **Biasanya sudah termasuk dalam paket.**
  비아사냐 수다ㅎ 떠르마숙 달람 빠껫

  보통 패키지 안에 포함되어 있습니다.

- **Semua harga di sini sudah termasuk pajak pemerintah.**
  스무아 하르가 디 시니 수다ㅎ 떠르마숙 빠작 쁘므린따ㅎ

  이곳의 모든 가격에는 정부의 세금이 포함되어 있습니다.

- **Harga itu sudah termasuk 1 sarapan dan kendaraan pariwisata.**
  하르가 이뚜 수다ㅎ 떠르마숙 사뚜 사라빤 단 끈다라안 빠리위사따

  그 가격에는 조식 1회와 관광을 위한 교통수단이 이미 포함되어 있습니다.

- **Sarapan sudah termasuk dalam tarif kamar.**
  사라빤 수다ㅎ 떠르마숙 달람 따리프 까마르

  조식은 객실 요금에 포함되어 있습니다.

- **Anda sudah termasuk dalam kelompok yang pertama.**
  안다 수다ㅎ 떠르마숙 달람 끌롬뽁 양 뻐르따마

  당신은 첫 번째 그룹에 속해 있습니다.

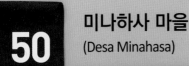

50 미나하사 마을
(Desa Minahasa)

오늘 배울 내용은 옷가게에서 쓰는 표현들

미나하사는 북 술라웨시의 마나도 바로 옆에 위치해 있다. 경사가 심한 활화산인 마하우산(gunung mahawu), 술라웨시 섬에서 가장 크다는 톤다노 호수(Danau Tondano), 유럽의 작은 마을에 온 듯한 느낌을 주며 시시각각 호수의 색깔이 변하는 리나우 호수(Danau Linow), 5개의 종교를 모두 인정하며 화합하여 살자는 의미의 기념비 부킷 카시(Bukit Kasih), 이 기념비 뒤로 펼쳐지는 미나하사의 조상 조각, 나무로 만든 집들을 전시해 세계로 판매하는 우드 하우스, 부다 조각상과 파고다 탑으로 유명한 Pagoda Chinese Temple, 그리고 미나하사의 전통마을까지 볼 것도, 즐길 것도 많은 이 마을을 추천한다.

미리보기

이번 랜드마크에서는 어떤 대화를 하는지
먼저 살펴볼까요?

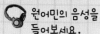 원어민의 음성을
들어보세요.

Indonesia_50.mp3

A Saya boleh coba yang ini?

사야 볼레ㅎ 쪼바 양 이니

제가 이것을 입어봐도 될까요?

B Iya, ukurannya mau apa?

이야, 우꾸란냐 마우 아빠

네, 어떤 사이즈를 원하시나요?

A Biasanya saya pakai M.

비아사냐 사야 빠까이 엠

보통 저는 M 사이즈를 입는데요.

B Kalau begitu, coba M dulu.

깔라우 버기뚜, 쪼바 엠 둘루

그러면, M 사이즈로 입어보세요.

A Ini terlalu kecil.

이니 떠르랄루 끄찔

이것은 너무 작아요.

B Saya coba bawa ukuran L.

사야 쪼바 바와 우꾸란 엘

L 사이즈로 가져와볼게요.

단어

sebagai ~로서, ~처럼
스바가이

hadiah 선물
하디아ㅎ

diganti 교환되다, 교체되다
디간띠

dikembalikan uangnya
디끔발리깐 우앙냐   환불하다

masalah 문제
마살라ㅎ

pas 꼭 맞는, 적당한, 알맞은
빠스

cek 확인하다
쩩

280

여행지에서 활용할 수 있는
랜드마크 실전여행 문장을
소리 내어 따라 해 보세요.

- **Saya dapat ini sebagai hadiah. Tapi ukurannya tidak cocok.**
사야 다빳 이니 스바가이 하디아ㅎ. 따삐 우꾸란냐 띠닥 쪼쪽
저는 이것을 선물로 받았습니다. 하지만 사이즈가 맞지 않아요.

  →**Mau diganti ke ukuran apa?**
  마우 디간띠 끄 우꾸란 아빠
  어떤 사이즈로 바꾸길 원하시나요?

- **Minta kembalikan uangnya.**
민따 끔발리깐 우앙냐
환불해주세요.

  →**Kenapa? Ada masalah?**
  끄나빠? 아다 마살라ㅎ
  왜요? 문제가 있나요?

- **Saya suka yang ini. Saya mau coba.**
사야 수까 양 이니. 사야 마우 쪼바
저는 이것이 좋아요. 입어볼래요.

  →**Silakan. Ukurannya pas.**
  실라깐. 우꾸란냐 빠스
  그러세요. 사이즈가 딱 맞네요.

- **Ada yang ukuran lebih kecil?**
아다 양 우꾸란 르비ㅎ 끄찔
사이즈가 더 작은 것이 있나요?

  →**Saya coba cek dulu ya.**
  사야 쪼바 쩩 둘루 야
  먼저 확인 좀 해볼게요.

오늘 랜드마크 실전여행에서
사용한 단어를 확장해보세요.
* 단어 Tip: 운동 경기 Ⅱ

- bisbol 야구
  비스볼
- golf 골프
  골프 / 골름
- bersepeda 자전거 타기
  버르스뻬다
- angkat besi 역도
  앙깟 브시
- berkuda 승마
  버르꾸다

- billiard 당구
  빌리아드
- bola tangan 핸드볼
  볼라 땅안
- senam 체조
  스남
- menembak 사격
  머늠박

➡️ 랜드마크에서 대화한 내용을
떠올리며 빈칸을 채워보세요.

A ① Saya boleh coba _____ ini?

사야 볼레ㅎ 쪼바 양 이니

제가 이것을 입어봐도 될까요?

B ② Iya, _____ mau _____?

이야, 우꾸란냐 마우 아빠

네, 어떤 사이즈를 원하시나요?

A ③ Biasanya saya _____ M.

비아사냐 사야 빠까이 엠

보통 저는 M 사이즈를 입는데요.

B Kalau begitu, coba M dulu.

깔라우 버기뚜, 쪼바 엠 둘루

그러면, M 사이즈로 입어보세요.

A ④ Ini terlalu _____.

이니 떠르랄루 끄찔

이것은 너무 작아요.

B ⑤ Saya coba _____ ukuran L.

사야 쪼바 바와 우꾸란 엘

L 사이즈로 가져와볼게요.

정답
----
① yang
② ukurannya / apa
③ pakai
④ kecil
⑤ bawa

Biasanya saya
비아사냐 사야

보통 저는 ~합니다.

- bangun 일어나다
  방운
- berbelanja 쇼핑하다
  버르블란자
- hal 문제
  할

- menangis 울다
  머낭이스
- tangga 계단
  땅가

- Biasanya saya bangun pada jam 7 pagi.
  비아사냐 사야 방운 빠다 잠 뚜주ㅎ 빠기

  보통 저는 아침 7시에 일어납니다.

- Biasanya saya berbelanja di mal.
  비아사냐 사야 버르블란자 디 몰

  보통 저는 몰에서 쇼핑합니다.

- Biasanya saya tidak suka berbicara tentang hal itu.
  비아사냐 사야 띠닥 수까 버르비짜라 뜬땅 할 이뚜

  보통 저는 그 문제에 대해 이야기하는 것을 좋아하지 않습니다.

- Biasanya saya tidak menangis.
  비아사냐 사야 띠닥 므낭이스

  보통 저는 울지 않습니다.

- Biasanya saya naik tangga.
  비아사냐 사야 나익 땅가

  보통 저는 계단으로 올라갑니다.

283

50패턴으로 여행하는

랜드마크

인도네시아어회화